Ute Blindert

LinkedIn: Sichtbar mit Profil und Unternehmenseite

Die schnelle Einführung

Aktualisierte Auflage, 2022

Eine Kooperation des Netzwerkbooster
mit dem UPLOAD Magazin

Vorwort

Neben dem in Deutschland gegründeten Online-Business-Netzwerk Xing etabliert sich das US-amerikanische Pendant LinkedIn zunehmend auch im DACH-Raum und kommt mit mittlerweile 17 Millionen Nutzern in Deutschland, Österreich und der Schweiz nah an Xing mit 19 Millionen Mitgliedern heran. Genau der richtige Zeitpunkt, um sich mit LinkedIn professionell auseinanderzusetzen und zu lernen, wie sich das Netzwerk nutzen lässt.

Dafür halten Sie dieses Buch in den Händen: Nach ein paar grundsätzlichen Fragen geht es um das persönliche Profil und welche Möglichkeiten sich schon aus der Basis-Version ergeben – und wann es sich lohnt, auf eine der Premium-Funktionen umzusteigen. Dabei lernen Sie, wie Sie Ihr Profil so aufbauen, dass LinkedIn versteht, für welche Themen Sie stehen und welche Beiträge, Personen und Unternehmen es Ihnen am sinnvollsten vorschlagen sollte. Mit dem Profil geht es an Ihre Vernetzung, die Suche nach den richtigen Kontakten und Ansprechpartnern und die Möglichkeiten, die die Suche bietet. Danach erfahren Sie mehr von den vielen Funktionen, mit denen Sie bei LinkedIn sichtbar für Ihre Themen werden können: Bloggen, Beiträge verfassen, teilen, kommentieren oder „liken".

Außerdem widme ich mich dem Thema, wie sich Profil und Unternehmensseiten weiter nutzen lassen. Denn für Unternehmen – und damit meine ich auch Solo-Unternehmen wie Selbständige und Freiberufler – bietet es sich natürlich an, eine Unternehmensseite anzulegen und so direkt für Kunden, Bewerberinnen und Kooperationspartner sicht- und ansprechbar zu sein.

Mit dem Ratgeber „LinkedIn: Sichtbar mit Profil und Unternehmensseite. Eine schnelle Einführung" werden Mitarbeiter in Unternehmen angesprochen, die für Kommunikation, Vertrieb und Recruiting bzw. Personalmarketing zuständig sind. Auch selbständige Unternehmer, Beraterinnen, Freelancer oder Coaches, die über das Berufs-Netzwerk ihr Business voranbringen, Geschäfte anbahnen bzw. sich ein tragfähiges Netzwerk aufbauen möchten, finden hier die für sie relevanten Informationen. Für diese 2. aktualisierte Auflage habe ich das Buch um einige wichtige Neuerungen bei LinkedIn erweitert und auch ein paar der sinnvollen Zusatzprogramme rund um LinkedIn ergänzt.

Dieses Buch führt Sie von ein paar grundlegenden Worten zum Aufbau und zur Bedeutung des Netzwerks hin zu Ihrem persönlichen Profil. Es zeigt auf, wie Sie dieses einfache Profil in Verbindung mit der Unternehmensseite nutzen können, um mögliche Kandidaten anzusprechen oder sich als Unternehmer zu positionieren. Außerdem erfahren Sie, welche Möglichkeiten es für Social Selling, Recruiting und die Jobsuche gibt und ab wann sich ein *Premium*- oder ein *Premium Essentials*-Profil lohnt.

In diesem Buch verzichte ich vielfach auf Anleitungen und die damit oft einhergehenden Screenshots. Hintergrund ist, dass Funktionen und Design bei LinkedIn ständigen Änderungen unterworfen sind. Daher halte ich es für wichtiger, dass Sie die grundlegenden Funktionsweisen verstehen. Aktuelle Informationen finden Sie zum Beispiel auf meinem Blog unter dem Schlagwort #LinkedIn oder ganz anschaulich erklärt in meinem Podcast oder auch in meinem YouTube-Kanal mit dem Namen *Netzwerkbooster*.
Wer gern mit Anleitungen arbeitet und es ganz genau wissen will, für den gibt es zusätzlich zum Buch den Mini-Kurs „LinkedIn: Sichtbar mit Profil und Unternehmensseite", den Sie zusammen mit dem Buch als Bundle erwerben können.

Ein Wort noch zur Ansprache: Mir ist eine möglichst gerechte Ansprache wichtig. Daher verwende ich mal die weibliche, mal die männliche Bezeichnung – und ab und an das Gendersternchen.

Inhaltsverzeichnis

Vorwort 1

1. Einleitung 8

1. LinkedIn erfolgreich einsetzen – Die schnelle Einführung 8

2. Das Online-Netzwerk LinkedIn: Was es kann und was nicht.... 11

3. Xing und LinkedIn: Welches ist das Netzwerk der Wahl? 15

2. Die Grundlage: Ihr Profil, das A und O 19

1. Ein paar Fragen vorab: Was wollen Sie und wen wollen Sie erreichen? 20

2. Warum Keywords bei LinkedIn so wichtig sind 22

3. Aufbau und Funktionen des Profils 25

4. Checkliste: Einstellungen zu Sichtbarkeit und Datenschutz.. 42

5. 7 richtig gute Hacks, mit denen Sie gleich als LinkedIn-Profi erscheinen 46

6. Premium oder Premium Essentials: Wann sich ein Bezahl-Account für Sie lohnt 49

3. Die Unternehmensseite: Wichtig oder kann die weg? 51

1. Aufbau und Funktionen 53

2. Reichweite der Unternehmensseite erhöhen: So klappt es garantiert 57

3. LinkedIn Analytics: Wichtige Kennzahlen für die Unternehmensseite 62

4. Was es mit den Fokusseiten auf sich hat 65

4. Der Aufbau Ihres Netzwerks 68

4.1. Vernetzung bei LinkedIn: Leichter geht´s nicht 69

4.2. Vom Kontakt zum Kunden: Wie direkte Ansprache bei LinkedIn gelingt 76

4.3. Interessen: Gruppen und Personen 80

5. Sichtbar werden für „Ihre" Themen 84

5.1. Ich habe einen Plan: Gezielt Inhalte bei LinkedIn platzieren 88

5.2. Wie Artikel, Beiträge und Kommentare zum Personal Branding beitragen 94

6. Fazit 106

Über die Autorin 110

1. Einleitung

1. LinkedIn erfolgreich einsetzen – Die schnelle Einführung

Als LinkedIn 2009 in den deutschsprachigen Raum kam, taten sich viele Nutzer schwer mit dem Xing-Pendant aus den USA. Umständlich in der Handhabung, wenig andere Nutzer aus Deutschland und die Vernetzung klappte nur, wenn man einen Kontakt bereits kannte. Trotzdem wurde das Online-Business-Netzwerk auch bei uns immer beliebter und konnte jedes Jahr mehr Mitglieder verzeichnen. Als LinkedIn vor ein paar Jahren sein Design merklich änderte, die Timeline einführte und auf Interaktion unter seinen Nutzerinnen setzte, änderte sich die Einstellung zu LinkedIn: Es machte Spaß, sich dort aufzuhalten, sich mit anderen auszutauschen, in Gruppen zu diskutieren und sein Wissen zur Verfügung zu stellen.

Dabei bleibt LinkedIn nicht stehen und wandelt sich weiter. Nachdem es vor einiger Zeit die Funktion „Events“ abgeschaltet hatte, führte es diese 2019 wieder ein. Jetzt, Ende des Jahres 2021, zeigen erste Einblicke, dass diese Funktion weiter an Wichtigkeit und Sichtbarkeit gewinnen wird, zum Beispiel in Form von Eventseiten mit zahlreichen Interaktionsmöglichkeiten für Ihre Community wie Live-Kommentare. Andere Beispiele sind Artikel, Videos, LinkedIn Live und Gruppen – da bleibt einem nichts anderes übrig, als die Entwicklungen zu verfolgen und sich immer wieder neu zu orientieren.

Eine der neuesten Entwicklungen erscheint besonders interessant, vor allem für Mitglieder, die als Selbständige oder Unternehmer auf LinkedIn unterwegs sind: Serviceleistungen mit Bewertungsfunktion. Hier testet das Business-Netzwerk quasi eine Art Marktplatz mit Bewertungsplattform – man darf also gespannt sein, was sich hieraus wohl entwickeln wird.

Damit wird eines klar: Dieses Buch kann nicht für alle Zeiten DIE Anleitung für LinkedIn sein. Dafür gibt es zu viele Änderungen im Design und auch in der Art und Weise, wie der Algorithmus Inhalte ausspielt – was manchmal echt frustrierend sein kann.
Doch natürlich gibt es ein paar Grundregeln im Design und in der Funktionalität, die Ihnen helfen, nicht nur mit Profil und Unternehmensseite zu überzeugen, sondern auch mit Beiträgen und Artikeln sichtbar zu sein und genau die für Sie richtigen Personen zu erreichen.

Ich kann Ihnen versprechen: Nicht alles wird sofort klappen. Und ich kann Ihnen auch versprechen: Es bedeutet Arbeit, und es braucht auch etwas Zeit, sich ein gutes Profil und eine ansprechende Unternehmensseite aufzubauen. Wenn Sie sich aber Profil und Seite mit Überlegung widmen, sich mit anderen LinkedIn-Mitgliedern vernetzen und vor allem austauschen, also wirklich netzwerken und interagieren, werden Sie Ihre Präsenz bei LinkedIn zu schätzen lernen und nicht mehr missen wollen.

In diesem Kapitel geht es um einige Grundlagen: Warum entscheide ich mich überhaupt für LinkedIn? Nur weil gefühlt alle dort sind, muss es nicht IHR Business-Netzwerk der Wahl sein. Vielleicht passt Xing viel besser zu Ihrem Ziel. Oder sogar ein ganz anderes Angebot. Außerdem wird es darum gehen, was sich mit LinkedIn erreichen lässt – und was auch nicht.

2. Das Online-Netzwerk LinkedIn: Was es kann und was nicht

Wer Online-Netzwerke für Beruf oder Business nutzen möchte, kommt schon seit einigen Jahren nicht mehr an LinkedIn vorbei. An die 800 Millionen Menschen weltweit, 136 Millionen in Europa und 17 Millionen im deutschsprachigen Raum, nutzen LinkedIn (Stand: 12/2021, lt. Angabe von LinkedIn), um sich beruflich – sei es für die eigene Karriere oder auch für das eigene Unternehmen – zu vernetzen.

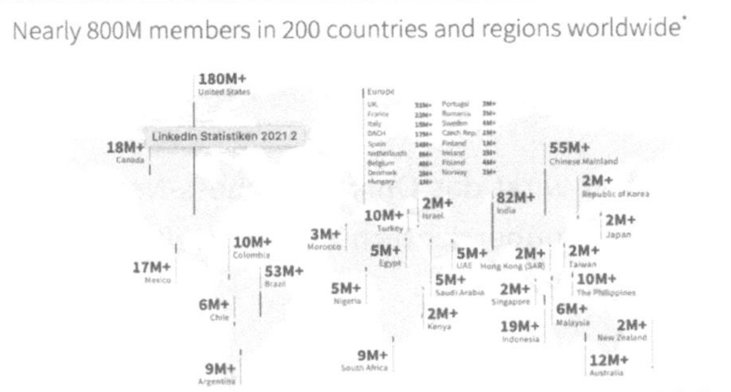

Quelle

Daneben bietet das Unternehmen Business-Lösungen zur Kundenansprache (*Sales Navigator*), fürs Recruiting (*Talent Solutions*), zur Mitarbeiterförderung im Unternehmen (*LinkedIn Learning*) und für die eigene Karriereplanung (*LinkedIn Career*) an. Um diese Lösungen soll es in dieser schnellen Einführung nicht gehen. Einzig die Frage, wann sich ein Premium- oder ein Premium-Essential-Profil lohnen könnte, soll zwischendrin betrachtet werden.

In diesem Buch steht also das persönliche Profil in Verbindung mit der Unternehmensseite im Fokus. Mit einem Profil können sowohl Mitarbeiterinnen aus Unternehmen für ihr Personal Branding beziehungsweise als *Corporate Influencer* eines Unternehmens sichtbar sein. Auch für Selbständige, Unternehmerinnen sowie Solopreneure bieten sich zahlreiche Möglichkeiten, wie sich ein LinkedIn-Profil zur Kundenansprache nutzen lässt. Zusätzlich sollten Unternehmen ein grundsätzliches Interesse daran haben, auch mit einer Unternehmensseite bei LinkedIn vertreten zu sein – auch wenn diese in puncto Reichweite lange nicht solche Zugriffszahlen erreichen wird wie ein persönliches Profil.

Für neue Nutzer wirkt das Online-Business-Netzwerk LinkedIn zunächst etwas unübersichtlich, und es stellen sich zahlreiche Fragen:

- Was gehört alles zu einem Profil dazu?
- Sollte ich auch eine Unternehmensseite anlegen, selbst wenn ich nur ein kleines Unternehmen habe oder sogar als Einzelunternehmerin unterwegs bin?
- Wie kann ich meine Angaben ändern?
- Warum sehen andere Profile so schick aus, nur meins nicht?

- Wie kann ich mich mit anderen Menschen bei LinkedIn vernetzen? Vor allem so, dass sie meine Ansprache nicht nervt?
- Wie finde ich überhaupt passende Kontakte?
- Was soll ich denn posten? Was ist der Unterschied zwischen Artikel und Beitrag?
- Wie schaffe ich es, dass meine Beiträge auch gelesen werden?

Tatsächlich kann man mit einem persönlichen Profil eine Menge bei LinkedIn erreichen – und genau darum soll es auf den nächsten Seiten gehen. Wunder kann man allerdings mit einem Profil nicht erwarten: Ein Profil und auch die Aktivität, die Sie bei LinkedIn entfalten, wird immer nur ein Teil Ihrer gesamten Kommunikation sein und sollte eingebettet werden in eine umfassende Netzwerk-Strategie.

Was bei LinkedIn gut funktioniert, kennen Vertriebsfachleute unter dem Begriff *Farming*. Damit ist gemeint, dass man seine potenziellen Kunden mit Inhalten und Know-how anspricht, statt sie – wie beim *Hunting*, also *Jagen*, – durch Recherche zu identifizieren und direkt anzusprechen. LinkedIn gilt demnach eher als die Plattform fürs *Farming* und Xing als die fürs *Hunting*. Wobei LinkedIn mit dem *Sales Navigator* natürlich eine Business-Anwendung für genau diese Vorgehensweise anbietet – mit der auch viele Mitglieder das *Jagen* versuchen. Natürlich lassen sich auch andere Nutzerinnen bei LinkedIn direkt ansprechen. Wer etwas zu verkaufen hat, muss ins Gespräch mit seinen Kunden gehen. Allerdings sollte man immer darauf achten, die eigene Zielgruppe auf die passende

Art anzusprechen. Leider gelingt das nicht allen Anbietern bei LinkedIn, so dass es regelmäßig Klagen über die schlechte Ansprache durch Coaches, Trainern und Beraterinnen gibt. Nicht nur berichten mir andere LinkedIn-Nutzer regelmäßig von nervigen Anfragen über persönliche Nachrichten bei LinkedIn, auch ich kenne diese *InMails* zu genüge und frage mich dann oft, ob sich der Fragesteller schon mal tief und ernsthaft mit seinen (potenziellen) Kunden auseinandergesetzt hat.

Dabei haben nur wenige LinkedIn-Nutzer ein Interesse daran, potenzielle Kunden per Spam-Direktnachricht oder sogar via Bot anzusprechen. Manchmal sind Sie sogar so zurückhaltend, dass sie sich nicht zutrauen, einfach mal Optionen auszuprobieren. Daher werden wir uns später auch der Frage der richtigen Ansprache potenzieller Kunden oder passender Bewerber widmen.

3. Xing und LinkedIn: Welches ist das Netzwerk der Wahl?

Vergleicht man die reinen Nutzerzahlen für den deutschsprachigen Raum, also Deutschland, Österreich und die Schweiz, verzeichnet Xing mit 19 Millionen Nutzern noch einen zahlenmäßig relevanten Vorsprung vor seinem Konkurrenten LinkedIn. Doch ganz so offensichtlich ist es nicht, denn die wahrgenommene Aktivität spielt für viele Menschen im Geschäftsleben eine große Rolle – und die wird regelmäßig bei Xing bemängelt.

Vor einer Entscheidung für eines oder beide Business-Netzwerke sollten allerdings ganz andere Fragen im Raum stehen:

- Was soll mit dem Profil erreicht werden?
- Sind Kunden, Kooperationspartner und potenzielle Mitarbeiter bei LinkedIn zu finden?

Die schiere Größe eines Netzwerks sowie die Anzahl seiner Nutzer sagt nichts über dessen Passung für ein Unternehmen und dessen Vertrieb, Mitarbeitersuche oder Kommunikation aus.

Schaut man sich die Nutzerzahlen und die Unternehmen der Personen an, die bei LinkedIn aktiv sind, lassen sich folgende Aussagen treffen:

- Weltweit nutzen an die 800 Millionen Menschen LinkedIn,
- diese kommen aus über 200 Ländern – LinkedIn ist also wirklich international,
- Mitarbeiter aus Großunternehmen und Konzernen sind eher auf LinkedIn zu finden als bei Xing,
- auch Mitarbeiter aus Mittelstand und KMU sind bei LinkedIn aktiv,
- auch Selbständige und Solopreneure gehören zu den Nutzern.

Für die meisten Unternehmen bietet es sich heute an, eine Unternehmensseite bei LinkedIn anzulegen und zudem ihre Mitarbeiter zu ermutigen, mit einem Profil bei LinkedIn präsent zu sein.
Vor allem Mitarbeiter*innen aus den Bereichen Vertrieb, Personal und Kommunikation sollten sich dort zeigen. Wer selbst als Unternehmerin, als selbständiger Trainer, Beraterin oder Coach aktiv ist, dem bietet sich bei LinkedIn eine gute Möglichkeit, Kunden, Kooperationspartnerinnen oder Multiplikatoren zu erreichen. Vor allem die hohe Vernetzungsgeschwindigkeit trägt zur schnellen Kontaktanbahnung und damit auch zur Reichweite bei.

LinkedIn wird als lebendiger und interaktiver wahrgenommen

Reaktionen in Form von Likes und Kommentaren gibt es bei Xing weniger häufig als bei LinkedIn. Auch dass es keine Möglichkeit gibt, selbst Artikel zu schreiben und als Blogeintrag zu veröffentlichen, wird angemerkt. Kein Wunder, dass LinkedIn da schon mal als *Facebook fürs Business* bezeichnet wird. Leider auch in dem Sinne, dass Diskussionen zunehmend unsachlicher geführt und Mitglieder persönlich angegriffen werden.

Beim Vergleich beider Netzwerke muss sich jeder Nutzer und jede Nutzerin fragen:

- Wobei brauche ich Unterstützung und hilft mir dieses Netzwerk dabei?
- Welche Kunden möchte ich ansprechen und finde ich diese im Netzwerk?
- Welche Funktionalität brauche ich unbedingt? Wird mir diese angeboten?

Hunting versus *Farming*

Xing und LinkedIn unterscheiden sich in einigen wichtigen Punkten voneinander. Social-Selling-Experte *Joachim Rumohr* brachte es in einem Vortrag auf den Punkt: Wer mit *Farming* Kunden gewinnen wolle, sei bei LinkedIn hervorragend aufgehoben. Wer dagegen auf Kundenakquisition per *Hunting* setze, befinde sich mit Xing im richtigen Netzwerk.

Aus Vertriebssicht versteht man unter *Farming* eher das Empfehlungsmarketing von Bestandskunden – wobei der Begriff um das Content Marketing erweitert werden sollte. Beim *Hunting* gehe es eher darum, Neukunden zu recherchieren und durch Direktansprache zu kontaktieren.
Meiner Einschätzung nach wird es wahrscheinlich noch lange Zeit so sein, dass beide Netzwerke parallel bestehen werden. Vor allem, weil ich natürlich auch bei LinkedIn meine Kunden direkt recherchieren und ansprechen kann. Genauso wie sich bei Xing ebenso Inhalte veröffentlichen lassen.

Auch gibt es einen wichtigen kulturellen Unterschied, der bei LinkedIn immer mal kritisch angemerkt wird: Die Kontaktanbahnung geht schnell vonstatten, und viele Menschen erhalten tagtäglich zahlreiche Kontaktanfragen. Da sich diese leicht bestätigen lassen, wächst das Netzwerk rasant.
Zu beachten ist dabei, dass ein Kontakt in einem Online-Netzwerk erst einmal nur eine Verbindung zwischen zwei Profilen (= Datensätzen) darstellt. Erst wenn ich mit der anderen Person interagiere, entsteht allmählich eine echte Verbindung zwischen Menschen, die es mir dann auch erlaubt, diese indirekt mit meinen Inhalten oder auch direkt per Nachricht anzusprechen.

2. Die Grundlage: Ihr Profil, das A und das O

Bevor es nun an das Ausfüllen des Profils geht, sollten Sie eine kurze Reflexionsrunde einschieben. Denn oft liegt hier eine der Schwierigkeiten darin, dass man sich unschlüssig ist, was man mit dem Profil ausdrücken möchte. Da kommt es schnell vor, dass man unsicher wird, wie sich bestimmte Stationen im Bereich *Berufserfahrung* darstellen lassen, ob man diese eine Station weglassen oder eine andere ausführlicher darstellen sollte.

Ich empfehle daher, sich zunächst in Ruhe hinzusetzen und darüber nachzudenken, wo Sie momentan stehen, was Ihnen an Ihrer derzeitigen Tätigkeit gut gefällt und was weniger. Stellen Sie sich einfach vor, dass Ihr Profil Sie in zwei Jahren zeigt. Wenn Sie heute im Personalmarketing arbeiten, sich aber in Richtung Personalentwicklung bewegen wollen, sollten Sie genau diesen Wandel im Profil darstellen. Natürlich lässt sich ein Profil im Internet zu jeder Zeit ändern, es fällt aber leichter, einen Kern erkennen zu lassen, wenn Sie sich über diesen im Klaren sind. Und auch die Präsenz im Online-Netzwerk in Form von Beiträgen, Artikeln oder anderen Möglichkeiten gelingt dann viel besser.

Mein Tipp:

> Wenn Sie sich in zwei Jahren in der Personalentwicklung wiederfinden wollen, sollten Sie nicht nur im Profil den Schwerpunkt auf diesen Bereich legen, sondern auch bei der Vernetzung und in Ihren (Diskussions-)Beiträgen und Artikeln für genau dieses Thema sichtbar werden.

1. Ein paar Fragen vorab: Was wollen Sie und wen wollen Sie erreichen?

Es kann eine gute Idee sein, zunächst darüber nachzudenken, an welchem Punkt Sie momentan stehen. Diese Standortbestimmung ist wichtig, um Tatsachen, Ereignisse, Stärken besser aufzeigen zu können. Außerdem zeigt sich so, wo es noch Nachholbedarf geben könnte.

Notieren Sie für sich – ob auf Papier oder digital – ganz so, wie es für Sie am besten passt:

- Funktion und Jobtitel im Unternehmen / Für Selbständige: Berufsbezeichnung
- Worin bin ich richtig gut? Wo konnte ich in der letzten Zeit Erfolge verbuchen?
- Welche Stationen (für Selbständige: Welche Projekte) habe ich in den letzten Berufsjahren absolviert?

- Was macht mir so viel Spaß, dass ich diesen Bereich unbedingt ausbauen möchte?
- Wird dieses Interesse bereits von außen wahrgenommen?
- An welchem Punkt möchte ich in zwei Jahren stehen?
- Mit welchen Begriffen würde ich diesen neuen Job (für Selbständige: dieses neue Angebot) beschreiben?

Es geht bei der Beantwortung der Fragen nicht um *richtig* oder *falsch*, sondern darum, dass Sie sich selbst zuhören und ehrlich sind. Dafür können Sie Ihren letzten Lebenslauf zur Hand nehmen, auch Projektlisten können sinnvoll sein. Diese Angaben sind wichtig, damit Sie Material zum Ausfüllen des Profils haben. Damit wollen wir Ihr Profil so optimieren, dass LinkedIn es den richtigen Personen zuordnen kann.

Im nächsten Schritt geht es darum, klar zu definieren, wen Sie mit Ihrem Profil erreichen wollen. Das können ganz unterschiedliche Zielgruppen sein. So kann es für eine Mitarbeiterin aus dem Recruiting wichtig sein, bei potenziellen Kandidaten sichtbar zu sein. Aber auch der Austausch mit Kollegen bietet sich im Online-Business-Netzwerk an. Ein Führungskräfte-Coach wird dagegen versuchen wollen, eine andere Zielgruppe zu erreichen. Und genau dafür sollte das persönliche Profil optimiert sein.

Stellen Sie sich auch hier entsprechende Fragen:

- Welche Zielgruppe möchte ich ansprechen? Kunden, potenzielle Bewerber, Multiplikatoren wie Verbandsvertreter, Journalisten, Meinungsführer?
- Finde ich meine Zielgruppe auf LinkedIn? Ist sie dort aktiv, kann ich diese dort überhaupt ansprechen?
- Kann ich meine Zielgruppe dort mit meinen Inhalten erreichen?
- Wie könnte eine direkte Ansprache aussehen?
- Welchen Bedarf sehe ich bei meiner Zielgruppe?

Ein Überblick und eine Recherche helfen, um sich einen ersten Eindruck zu verschaffen. Wenn Sie Ihre Zielgruppe genau kennenlernen möchten, empfehle ich die Arbeit mit der Persona-Methode [1], mit der Sie Ihre Kunden kennen und einzuschätzen lernen.

2. Warum Keywords bei LinkedIn so wichtig sind

Nachdem Sie sich mit Ihrer Zielgruppe auseinandergesetzt haben, geht es an den nächsten Schritt: Schlüsselbegriffe

[1] https://www.uteblindert.de/blog/persona-methode/

definieren. Dafür setzen Sie sich am besten mit Zettel und Stift hin und sammeln Begriffe, die Sie mit Ihrer Position oder Ihrem (Unternehmens-)Angebot verbinden wollen. Überlegen Sie außerdem, mit welchen Begriffen Sie andere Nutzer suchen oder beschreiben würden.

Mein Tipp:

Sehr gern benutze ich dafür die Liste der *50 Dinge über mich*[2], die ich aus dem Programm *Working out loud*[3] von John Stepper kenne. Auf dieser Liste sammeln Sie 50 Begriffe, die etwas über Sie aussagen. Das können berufliche Schlüsselbegriffe wie *Agiles Projektmanagement*, *Coaching von Führungskräften* oder *Ident von IT-Fachkräften* sein, es können aber ebenso Begriffe aus Ihrem persönlichen Interessensbereich hinzukommen. Schließen Sie erst einmal nichts aus, reduzieren können Sie später immer noch. Diese Liste hilft Ihnen, wichtige Begriffe für Ihr Profil zur Verfügung zu haben.

Denken Sie außerdem daran, dass das Profil nicht nur eine Zustandsbeschreibung („Wo stehe ich gerade?"), sondern vielmehr in die Zukunft („Wo sehe ich mich in zwei Jahren?") gewandt sein sollte. In der Darstellung wird es dann erst einmal eine Mischung aus beidem sein.

---

[2] https://www.uteblindert.de/blog/50-dinge-ueber-mich/
[3] https://www.uteblindert.de/blog/working-out-loud-wol/

Beispiel:

- **Vom Personalmanagement zum Personalmarketing:** Wer sich vom Personalmanagement in Richtung Personalmarketing entwickeln möchte, kann zum Beispiel im Bereich *Berufserfahrung* die Erfahrungen hervorheben, die in Richtung Personalmarketing gehen. Im *Info*-Feld wird ausführlich beschrieben, welchen Ansatz im Personalmarketing Sie für wichtig erachten. Visuell weisen die ersten beiden sichtbaren Element in *Im Fokus* auf Ihr neues Personal-Fachgebiet hin.

Mit Ihrer Liste arbeiten Sie immer wieder. So sollte gerade bei einem Richtungswechsel im Job Ihr Profil auch nicht statisch sein, sondern immer weiter angepasst werden. Auch wer selbständig arbeitet, sollte das persönliche Profil in zeitlichen Abständen immer wieder bearbeiten.

Keywords sind bei LinkedIn so wichtig, da das Online-Netzwerk bzw. der Algorithmus, der dahinter steht, im Grunde wie eine Suchmaschine funktioniert. Mit möglichst vielen Schlüsselbegriffen im Profil bieten Sie diesem eine Orientierung, welche anderen Nutzerinnen er Ihnen zur Vernetzung vorschlagen kann, welche Beiträge Ihnen angezeigt werden und an welcher Stelle im Ranking Ihr Profil bei einer Suche innerhalb von LinkedIn stehen wird.

3. Aufbau und Funktionen des Profils

Um ein Profil bei LinkedIn anzulegen, müssen Sie zunächst ein Konto eröffnen. Dafür gehen Sie einfach auf *www.linkedin.com* und melden sich mit einem Benutzernamen und Passwort an. Dann kann es auch schon losgehen.

Bevor Sie aber so richtig loslegen, stellen Sie noch zwei kleine Dinge ein:

- Oben rechts im Profil gehen Sie auf den Bereich *Öffentliches Profil bearbeiten*.
- Es öffnet sich ein neues Fenster. Als erstes richten Sie sich eine LinkedIn-URL ein – und zwar indem Sie auf den kleinen Bleistift gehen. Nun können Sie die 8-stellige Zahl entfernen, die sonst immer in Ihrer Profil-URL angezeigt wird.
- Außerdem schieben Sie weiter unten den Regler von *Öffentliche Sichtbarkeit Ihres Profils* von *Ein* auf *Aus*.

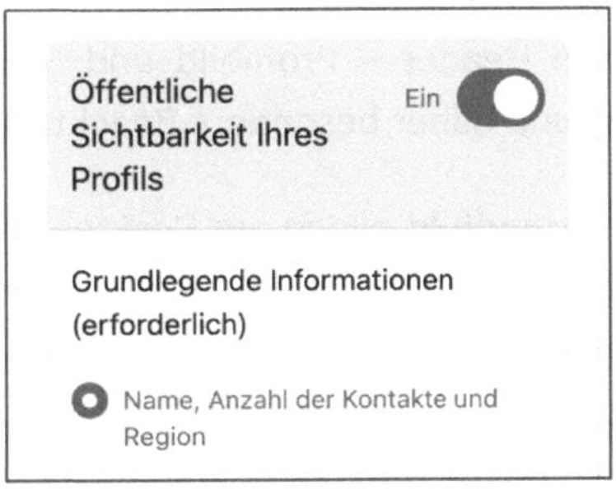

Beim Ausfüllen des Profils erklärt sich vieles von selbst, so dass es hier nicht um einzelne Details gehen soll. Es ist zudem wichtig zu wissen, dass Sie vieles an Ihrem Profil individuell einstellen können, da es quasi modular aufgebaut ist. Wenn Ihnen zum Beispiel ein Bereich nicht so wichtig erscheint, lässt sich dieser auch weglassen. Andere können Sie dagegen ausführlicher darstellen.

Wenn ein Bereich in Ihrem Profil fehlt, finden Sie im Header einen Button mit der Aufschrift *Abschnitt hinzufügen*. Darüber lassen sich all die Bereiche ergänzen, die vielleicht noch fehlen.

Der Header

Oben im Profil sieht man den *Header* mit Profilbild, Hintergrundbild, Profilslogan und ein paar Informationen zur aktuellen Berufstätigkeit und zum Werdegang. In diesem Bereich enthalten sind zudem die Anzahl der Kontakte sowie die *Kontaktinformationen*.

Bei manchen Profilen sieht man zudem eine Information zum Angebot, bei mir zum Beispiel *Serviceleistungen* oder *Jobsuche*. Dieses Element wird hinzugefügt, sobald ich die Info-Box ausgefüllt habe. Wenn ich als Mitarbeiterin eines Unternehmens ein Profil anlege, kann ich hier meine Jobwünsche hinterlegen.

Für den ersten Eindruck eines Profilbesuchers ist der Header ein zentrales Element. Und auch bei den eigenen Aktivitäten gibt es Elemente aus dem Header – Profilbild und Slogan –, die überall angezeigt werden und daher besondere Beachtung verdienen.

Profil- und Hintergrundbild bilden am Desktop wie auch in der App eine Einheit und sollten auch als solche behandelt werden. Achten Sie zunächst einmal bei Ihrem Profilbild darauf, dass es Ihren Zielen entspricht und zu Ihrer Zielgruppe passt. Wer sich zum Beispiel im Banken-Umfeld bewegt, wird eher auf ein Bild mit Anzug und Krawatte zurückgreifen, also jemand, der in einem Start-up in Berlin arbeitet. Das Hintergrundbild wiederum kann auf Ihren Schwerpunkt hinweisen und gern auch eine Mischung aus Text und Bild sein.

Gerade für Selbständige bietet es sich an, hier direkt eine Handlungsaufforderung (gern auch *Call-to-action* genannt) einzubinden.

Beispiel für eine gelungene Verbindung von Profil- und Hintergrundbild (Screenshot vom 23.12.2021)

Unter dem Namen erscheint direkt der Profilslogan, der ein zentrales Element des Profils darstellt. Er ist überall sichtbar, bei jedem Kommentar, jedem Like, Beitrag oder Artikel. Insgesamt stehen Ihnen hierfür 220 Zeichen zur Verfügung – eine ganze Menge also. Die sollten Sie auch nutzen, allerdings sollten Sie darauf achten, dass bereits in den ersten 20 bis 40 Stellen der wichtigste Part des Slogans steht.

Wenn Sie sich nämlich anschauen, was einer Nutzerin bei einer Suche am Desktop bzw. in der App vom Slogan anzeigt wird, sind das – auch je nach Länge Ihres Namens – nur sehr wenige Zeichen. Ich empfehle daher immer, direkt auf den Punkt zu kommen.

Hier ein paar Beispiele:

- Community-Strategin: Netzwerke aufbauen. Dialog fördern. Beziehungen stärken. - Tanja Laub |Walkabout Media - Digitale Konzepte & Beratung
- Leiter Bahnhofsmanagement Frankfurt am Main
- Technik-Journalist, Fokus IT/TK

Gerade für Selbständige halte ich es für zentral, dass sie hier direkt Flagge zeigen und sich von anderen Profilen unterscheidbar machen. Die *Community-Strategin* zeigt mir mit den ersten Buchstaben, zu welchem Thema ich Tanja Laub als Beraterin anfragen kann. In der großen Zahl der Berater*innen hebt sie sich damit von ihren Kollegen ab. Und bei den beiden anderen Beispielen entstehen direkt Bilder in meinem Kopf.

Neuerungen im Profil

Im Laufe des letzten Jahres hat LinkedIn einige neue Funktionen hinzugefügt, die das Profil noch attraktiver machen: Die *Cover-Story*, *Audioaufnahme* und *Serviceleistungen* wurden im Headerbereich hinzugefügt. Man muss allerdings wissen, dass sich diese teilweise nur in der App einrichten lassen.

Audioaufnahme

Die Audioaufnahme ist eine kurze Aufnahme, die man über die mobile App dem Profil hinzufügen kann. LinkedIn hat diese Möglichkeit für ein 10-Sekunden-Audio extra dafür geschaffen, um den eigenen Namen einzusprechen. Aber natürlich lässt sich diese Funktion auch nutzen, um sich kurz vorzustellen, die Besucher*innen zu begrüßen oder auch den Hinweis auf ein Angebot zu geben.

Cover-Story

Hinter Profilbildern, die mit einem goldenen Kreis umrandet sind, befindet sich eine so genannte *Cover-Story*. Mit dieser Funktion lassen sich über die App 30 Sekunden Film aufnehmen, die zusätzlich mit Text hinterlegt werden können. Sie müssen hierfür in die mobile App von LinkedIn gehen, dort Ihr Profil aufrufen und direkt auf Ihr Profilbild klicken. Dann erscheint als ein Auswahlpunkt *Cover Story anzeigen oder bearbeiten*. Nach der Aufnahme lassen sich neben Text auch noch Sticker hinzufügen sowie eine Tag-Verknüpfung.

Meine Cover-Story nutze ich gern, um auf aktuelle Angebote hinzuweisen. Für unbedingt notwendig halte ich die Cover-Story nicht – sie ist aber ein schönes Extra- Feature, das, einmal erstellt, eine lebendige Visitenkarte im Rahmen Ihres Personal Brandings ist.

Zur Cover-Story lassen sich sogar Untertitel hinzufügen, das macht dieses Feature noch attraktiver, denn so lässt sich zum Beispiel ein Informationstext verwenden. Die Datei mit den Untertiteln (im SRT-Format) kann ich am Desktop ergänzen, indem ich in der Cover-Story auf das kleine *CC* klicke. Hier öffnet sich das Fenster für die Ergänzung.

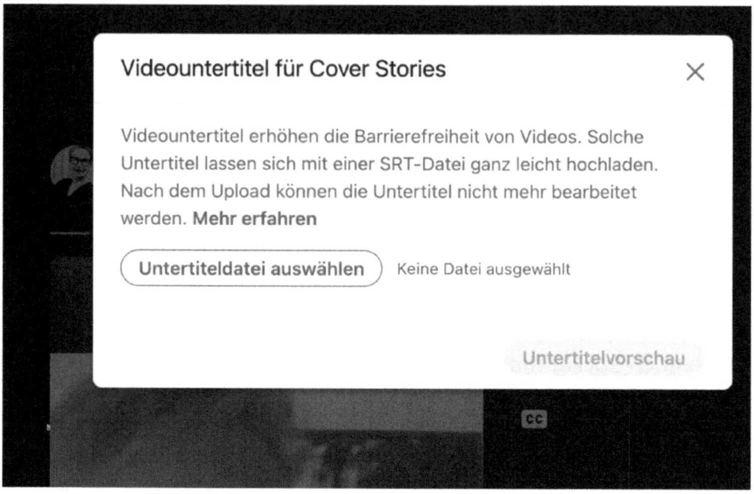

Rahmen zum Profilbild hinzufügen

An dieser Stelle lässt sich zudem ein Rahmen zum Profilbild hinzufügen, auf dem entweder *#hiring* oder *#opento-work* steht. Je nach Ziel kann das eine durchaus sinnvolle Ergänzung sein.

Geschlechtspronomen oder Keyword hinzufügen

Seit kurzem lassen sich Geschlechtspronomen wie *He/Him, She/Her* auch in einem Extrafeld hinzufügen. Immer mehr LinkedIn-Nutzer*innen hatten dies bereits im Profilslogan hinzugefügt. Jetzt hat LinkedIn dafür ein eigenes Feld geschaffen. Dieses Feld lässt sich allerdings beliebig nutzen und Sie könnten auch einen Schlüsselbegriff wie *LinkedIn-Expertin* einfügen.

Kontaktdaten

Ebenfalls im Header findet sich ein Verweis auf die Kontaktdaten. Hier lassen sich Adresse, Telefonnummer, E-Mail-Adresse, externe Websites, Twitter-Konten sowie andere Kontaktmöglichkeiten und der Geburtstag anzeigen. Erklärt sich eigentlich alles von selbst – es gibt nur ein paar Punkte, die Sie beachten sollten:

- **Website-Verlinkung plus Verlinkung zum Impressum:** Da Sie bis zu drei Websites verlinken können, bietet es sich hier an, direkt auf Ihr Impressum zu verlinken – besonders wichtig für diejenigen, die LinkedIn als Selbständige beruflich nutzen.

- **Twitter-Verknüpfung:** Die Twitter-Verknüpfung funktioniert nicht an dieser Stelle, sondern muss unter den Datenschutz-Einstellungen vorgenommen werden. Mit dieser Verknüpfung lassen sich Beiträge zudem direkt bei Twitter ausspielen.

- **Sichtbarkeit des Geburtstags:** Die Sichtbarkeit des Geburtstags wird nicht über die Kontaktdaten eingestellt, sondern ebenfalls in den Einstellungen zum Datenschutz.

- **Kontaktdaten ausfüllen:** So banal, so schnell mal übersehen – denken Sie beim Ausfüllen Ihres Profils an die Kontaktdaten. Diese helfen oft bei der schnellen Kontaktaufnahme, gerade für Selbständige besonders wichtig.

Serviceleistungen, Jobsuche oder Personalsuche

Weiter ausgebaut wurden im Header die Bereiche *Serviceleistungen, Jobsuche* sowie *Personalsuche*. Besonders für Selbständige istdie Erweiterung der Serviceleistungen interessant:

- **Schlagwörter anzeigen:** Aus 250 Begriffen können Sie die Leistungen Ihres Unternehmens auswählen und anzeigen lassen.

- **Info-Text zur Leistung:** Mit 500 Zeichen können Sie hier Ihre Leistungen beschreiben.

- **Bewertungen:** Die wichtigste Neuerung! Jedes LinkedIn-Mitglied kann bis zu 20 andere Nutzer*innen um eine Bewertung bitten. Zudem können Sterne vergeben werden. Das macht die Profile mehrerer Anbieter vergleichbar.

- **Weitere Angaben:** Es lassen sich noch ein paar weitere Angaben machen, zum Beispiel zum Arbeitsort oder zur Verfügbarkeit.

Bei den *Jobeinstellungen* lässt sich dagegen einstellen, für welche Positionen Sie offen sind, es lassen sich Arbeitszeiten und -orte einstellen und – ganz wichtig – wer überhaupt sehen darf, dass Sie offen für neue Jobs sind.

Klicken Sie dagegen auf *Personalsuche*, erhalten Sie direkt die Möglichkeit, eine Stellenanzeige für Ihr Unternehmen zu schalten. Auf diesen Bereich werde ich in diesem Buch nicht eingehen.

Ihr Dashboard

Direkt unter dem Header folgt die Schalt- und Informationszentrale für Ihr Profil: Ihr persönliches Dashboard. Hier sehen Sie auf einen Blick ein paar Zahlen: Die Profilansichten, Aufrufe eines Beitrags und wie oft Sie in Suchen erschienen sind.

Wichtige Funktion: Der Creator-Modus

Hier finden Sie zudem eine wichtige Funktion: Hier lässt sich der *Creator-Modus* ein- oder ausschalten. Auf den ersten Blick bekomme ich damit nur die Möglichkeit, 5 Hashtags sichtbar auf meinem Profil hinzuzufügen. Hinter dieser Funktion verbirgt sich aber noch mehr:

- Die Anzahl meiner Follower*innen wird öffentlich angezeigt.
- Meinen Profilbesuchern wird als erstes die Möglichkeit „Folgen“ statt „Vernetzen“ angeboten.
- Im *Creator-Modus* erhalten Sie die Möglichkeit, *LinkedIn Live* zu nutzen sowie *Newsletter* zu schreiben.

Den *Creator-Modus* würde ich dann wählen, wenn Sie bereits eine ordentliche Anzahl an Follower*innen gesammelt haben und gern Inhalte für LinkedIn erstellen.

Im Fokus

Im Abschnitt *Im Fokus* (vorher: *Vorgestellt*) lassen sich Artikel, Bilder, Videos oder Präsentationen einbinden, die dann prominent zu sehen sind. Am Desktop sind drei Elemente sichtbar, in der App eines. Überlegen Sie auch hier wieder:

Welche Information bzw. welches Element zeigt Ihre Kompetenz, Ihr Angebot am besten? Auf welches Angebot möchten Sie besonders aufmerksam machen?
Hier ein Beispiel:

- Sie beraten als IT-Expertin zum Thema *Cyber-Security*. Dann können Sie dieses Angebot hier zeigen, zum Beispiel in Form von Artikeln, Folien etc. Wollen Sie auf einen Vortrag aufmerksam machen, der bei einer Konferenz Teil des Programms ist, zeigen Sie diesen Hinweis an erster Stelle.

Die verschiedenen Elemente lassen sich beliebig bewegen, so dass Sie ganz aktuell reagieren können. Und da dieser Bereich visuell so auffällig ist, nutzen Sie ihn am besten aktiv und ändern immer mal wieder die Reihenfolge. Insgesamt sollte an dieser Stelle ein „Best of" Ihrer Aktivitäten und Ergebnisse zu sehen sein.

Eine Herausforderung bedeutet es oft, dass zum Beispiel verlinkte Websites keine schönen Vorschaubilder zeigen. Das kann man nur auf der Ursprungs-Website einstellen und ist kein Fehler von LinkedIn. Hier ist es oft besser, ein Bild (am besten als Quadrat) sowie einen entsprechenden Text hochzuladen und dann auf einen Link zu verweisen. Um auch mobil eine gute Darstellung zu erreichen, sollten Sie zudem darauf achten, dass wichtige Informationen in der Mitte des Bildes zu finden sind.

Hier sehen Sie einmal den Vergleich zwischen der Darstellung am Desktop und in der App:

Aktivitäten

Darunter folgen die *Aktivitäten*: Hier werden Ihre Kommentare dargestellt und welche Inhalte Sie geteilt haben. Außerdem können Sie hier Follower verwalten: Hier lässt sich auswählen, welchen anderen Mitgliedern Sie ebenfalls folgen wollen – oder auch nicht.

Die Info-Box

Darunter folgt die *Info-Box*, die sich mit einem Text mit bis zu 2.600 Zeichen Länge befüllen lässt. Sichtbar auf den ersten Blick sind allerdings nur die ersten drei Zeilen, auf die Sie deshalb ein besonderes Augenmerk legen sollten.

Mögliche Ansätze sind:

- **Handlungsaufforderung (Call-to-action):** Bevor Sie in einem Fließtext Kompetenz und Erfahrungen aufzeigen, starten Sie mit einer direkten Handlungsaufforderung: *„Online-Kommunikationsberatung mit Fokus auf Content-Marketing. Rufen Sie mich an: 0221 1234567"*

- **Kurz-Kompetenzprofil:** Sie verdichten Ihr Profil auf die ersten drei Zeilen: *„Marketing-Spezialistin mit Fokus auf E-Commerce – 10-jährige Erfahrung in XYZ, EMEA, Tech-Business"*

Erst danach stellen Sie sich im Fließtext ausführlich vor. Diesen Abschnitt würde ich ähnlich behandeln wie ein Motivationsschreiben. Legen Sie den Fokus auf die Erfahrungen, die Sie an diesen Punkt gebracht haben, benennen Sie Kompetenzen, Erfolge, Projekte – am besten möglichst konkret mit Schlüsselbegriffen, gern auch unterteilt durch Aufzählungspunkte.

In diesem Abschnitt lassen sich jede Menge Schlüsselbegriffe bzw. Keywords unterbringen. Nutzen Sie daher die Länge von jetzt 2.600 Zeichen (vorher: 2.000) ruhig aus.

Leider stehen einem bei LinkedIn nur wenige Möglichkeiten für ein Layout zur Verfügung. Seien Sie daher großzügig mit Leerzeilen und Abschnitten. Auch Gedankenstriche können Sie zur Aufzählung verwenden. Wenn Sie den Text umfassender gestalten wollen, nutzen Sie dafür die Website *https://lingojam.com*.

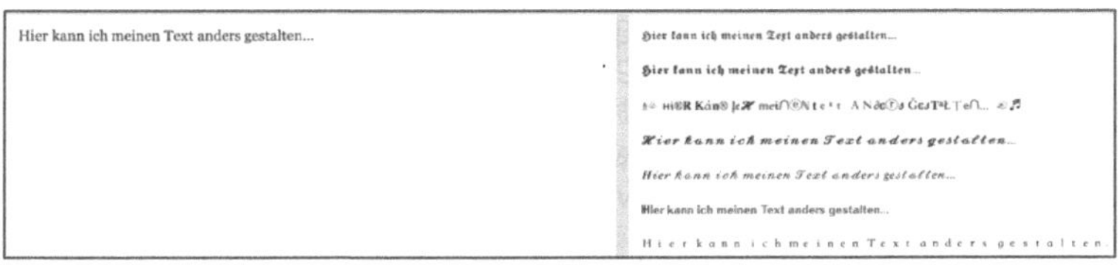

Emojis lassen sich im Chrome-Browser mit der rechten Maustaste auswählen. Extra für Sie habe ich mal ein bisschen damit *gespielt*:

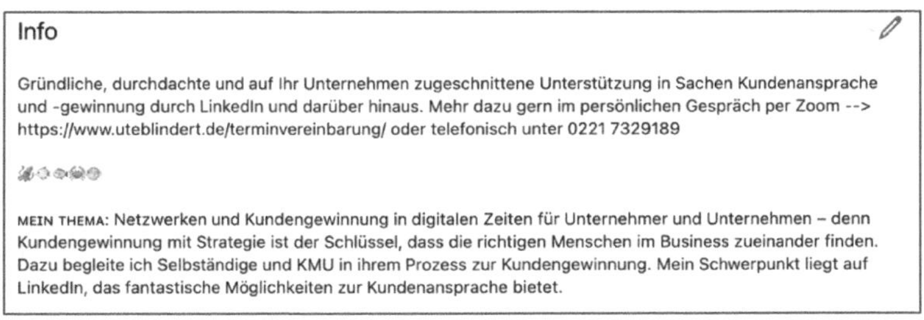
Info

Gründliche, durchdachte und auf Ihr Unternehmen zugeschnittene Unterstützung in Sachen Kundenansprache und -gewinnung durch LinkedIn und darüber hinaus. Mehr dazu gern im persönlichen Gespräch per Zoom --> https://www.uteblindert.de/terminvereinbarung/ oder telefonisch unter 0221 7329189

MEIN THEMA: Netzwerken und Kundengewinnung in digitalen Zeiten für Unternehmer und Unternehmen – denn Kundengewinnung mit Strategie ist der Schlüssel, dass die richtigen Menschen im Business zueinander finden. Dazu begleite ich Selbständige und KMU in ihrem Prozess zur Kundengewinnung. Mein Schwerpunkt liegt auf LinkedIn, das fantastische Möglichkeiten zur Kundenansprache bietet.

Berufserfahrung

Nun folgt die Berufserfahrung, die von der Systematik wie ein umgekehrt chronologischer Lebenslauf aufgebaut ist. Die wichtigsten Elemente beim Ausfüllen gibt LinkedIn vor, so dass es hier nicht um Details gehen soll. Wichtig sind allerdings zwei Punkte, die Sie beim Ausfüllen unbedingt beachten sollten:

- **Erfahrungen und Erfolge im Freitextfeld darstellen:** Bei jeder Station zur *Berufserfahrung* lässt sich ein Freitextfeld befüllen. Nutzen Sie dieses, um verschiedene Aspekte zu dieser beruflichen Station einzufügen. In diesem Feld ist auch genug Platz, um weitere Schlüsselbegriffe unterzubringen.

- **Medien (Bilder, Dateien, Videos, Präsentationen) einbinden:** Zu jeder Station können Sie Medien einfügen, die zusätzliche Informationen liefern können. Vor allem bei den wichtigen beruflichen Stationen finde ich das ein tolle Möglichkeit. Selbständige können hier Arbeitsproben einbinden und zeigen.

Wer mehrere Projekte gleichzeitig bearbeitet, das wichtigste aber als erstes anzeigen möchte, kann einfach auf die vier feinen, waagerechten Linien rechts gehen und diesen Abschnitt verschieben.

Ausbildung

Hier werden die Ausbildungen angezeigt. Aus diesem Bereich können Sie dann die *Ausbildung* auswählen, die oben im Header angezeigt wird. Auch hier lassen sich übrigens Medien hochladen, um das LinkedIn-Profil mit zahlreichen zusätzlichen Informationen anzureichern.

Bescheinigungen und Zertifikate

Im Bereich *Bescheinigungen und Zertifikate* können Sie die erlangten Abschlüsse einpflegen. Hier können Sie zudem IDs hinterlegen und auf URLs zu Zertifikaten verlinken. Hierbei handelt es sich in der Regel um Zertifikate, die von Online-Kurs-Anbietern wie *LinkedIn Learning, Coursera* oder *Udacity* angeboten werden. Theoretisch werden dann

Profile mit verifizierten Zertifikaten bei LinkedIn öfter angezeigt. Interessant könnte das vor allem sein, wenn es um Zusatzkurse zu bestimmten Gebieten oder Praxiskenntnissen geht, die für Arbeitgeber interessant sind. Ansonsten würde ich hier einfach Berufs- und Studienabschlüsse anzeigen, analog zu einer Bewerbung.

Kenntnisse und Fähigkeiten

Dieser Bereich ist wie eine Referenzliste in abgespeckter Form. Hier können Sie die Kenntnisse und Fähigkeiten anlegen, die Sie als zentral für Ihr Profil erachten. Andere LinkedIn-Nutzer können diese bestätigen. Achten Sie vor allem darauf, welche drei Top-Fähigkeiten Sie prominent an die Spitze der Liste setzen. Hier sollten immer die Kenntnisse und Fähigkeiten zu finden sein, die Sie in der Zukunft als wichtig erachten.

Empfehlungen

Einen besonders wichtigen Bereich im persönlichen Profil sind die *Empfehlungen*. Hier können Kunden, Geschäftspartner, Vorgesetzte, Mitarbeiter oder Mentoren Ihnen eine Referenz und Sie selbst wiederum diesen eine erteilen. Gerade für Selbständige ist das eine gute Möglichkeit, ihre Kompetenz direkt auf LinkedIn deutlich zu machen.

> **Mein Tipp:** Eine Bitte um eine Empfehlung bereite ich durch eine persönliche Ansprache per Direktnachricht oder auch im persönlichen Gespräch vor. Erst dann leite ich den Prozess bei LinkedIn ein und bitte *offiziell* um eine Empfehlung, die ich zusätzlich mit einer persönlichen Nachricht versehe.

Haben Sie dann eine Empfehlung erhalten, müssen Sie diese noch freischalten oder können das Gegenüber um eine Überarbeitung bitten. Empfehlungen lassen sich im Nachhinein auf unsichtbar stellen, sollten diese zum Beispiel nicht mehr zum aktuellen Portfolio passen.

Qualifikationen und Auszeichnungen

In diesem Bereich lassen sich Angaben dazu machen, welche Sprachen Sie beherrschen, welchen Organisationen Sie angehören, an welchen Projekten Sie gearbeitet haben und welche Veröffentlichungen, in Form von Büchern und Artikeln, Sie vorweisen können.

Besonders interessant finde ich hierbei den Punkt *Projekte*, denn hier lassen sich weitere LinkedIn-Mitglieder hinzufügen. Wenn Sie zum Beispiel mit anderen Personen an einem Projekt gearbeitet haben, können Sie diese hier angeben. Gerade für ehrenamtliche Projekte oder auch für Studienprojekte ist es eine gute Idee, auf diese Weise darauf aufmerksam zu machen. Leider werden die Projekte ziemlich weit unten im Profil angezeigt, so dass sie womöglich zu wenig auffallen. Im Zweifel würde ich Projekte daher doch eher im Bereich *Berufserfahrung* darstellen.

Interessen

Hier werden Ihre Interessen angezeigt. Zu den Interessen zählt LinkedIn Gruppen, in denen Sie Mitglied sind sowie LinkedIn-Mitglieder, denen Sie folgen.

Profil in fremder Sprache bei LinkedIn anlegen

Eine der besten Funktionen bei LinkedIn ist die Möglichkeit, das Profil in mehreren Sprachen anzulegen. Diese Möglichkeit ist auch für die Suchmaschinenoptimierung eines Profils nicht zu unterschätzen, denn so können Sie auch bei Suchen in anderen Sprachen gefunden werden. Sobald Sie einen Bereich bei Ihrem Profil bearbeiten, fragt LinkedIn im Anschluss, ob Sie diese Änderungen auch in den anderen Sprachen vornehmen möchten. Momentan können Sie allerdings nur den Namen, die Headline, Info-Box, Im Fokus, Berufserfahrung und Ausbildung separat in mehreren Sprachen führen. Bei allen anderen Teilen des Profils und auch bei Beiträgen und Artikeln geht das nicht.

Um eine neue Sprache bei LinkedIn anzulegen, gehen Sie in den Bereich oben rechts auf dem Profil und klicken auf die kleine Weltkugel. Eine weitere Sprache lässt sich nun mit einem Klick auf *+ Profil in einer anderen Sprache hinzufügen*. Wer also Farsi als Muttersprache spricht, kann das Profil neben Deutsch oder Englisch auch auf Farsi erstellen.

LinkedIn gleicht die jeweiligen Sprachen der Profile miteinander ab. Nimmt man mit jemandem Kontakt auf, dessen Hauptprofil auf Englisch ist, wird dieser Person das eigene Profil also auf English angezeigt.

> **Mein Tipp:** Wer mehrere Sprachen beherrscht, sollte das eigene Profil auch in den anderen Sprachen erstellen – sofern diese im Beruf benutzt werden.

Manchmal taucht die Frage auf, ob man gezielt mit dem anderssprachigen Profil kommentieren kann. Es geht zwar, dass man das Profil getrennt in anderen Sprachen anlegt, allerdings lässt sich kein Schalter umlegen, mit dem sich quasi zwischen den verschiedenen Profilen wechseln lässt. Wenn man also auf Englisch kommentiert, würde den jeweiligen Nutzern das Profil immer in ihrer Hauptsprache angezeigt werden – in meinem Fall also auf Deutsch.

4. Checkliste: Einstellungen zu Sichtbarkeit und Datenschutz

Bei LinkedIn bieten sich viele Möglichkeiten zur individuellen Einstellung des Profils. Unter Datenschutz & Einstellungen lässt sich festlegen, was Personen sehen, deren Profil Sie besucht haben. Es lässt sich sogar bestimmen, wer Ihr Profilfoto sehen darf: nur direkte Kontakte, Ihr Netzwerk oder auch Personen außerhalb von LinkedIn.

Den Bereich *Einstellungen & Datenschutz* unterteilt LinkedIn in

- **Konto:** Hier finden Sie Einstellungsmöglichkeiten zu *Login und Sicherheit*, *Webseiteneinstellungen*, *Mitgliedschaften und Zahlungen*, *Partner und Dienste* und *Kontoverwaltung*. Hier verbergen sich so wichtige Funktionen wie *LinkedIn*

Konten zusammenführen sowie das Einbinden von Twitter im Profil und weiterer Dienste.

- **Datenschutz:** Hier können Sie Einstellungen zum Datenschutz vornehmen, wie *So sehen andere Ihre Profil- und Netzwerkinformationen, So sehen andere Ihre LinkedIn-Aktivitäten, So verwendet LinkedIn Ihre Daten, Einstellungen bei der Jobsuche* sowie *Blockieren und Ausblenden*. Gehen Sie diesen Bereich sorgfältig durch, denn so lassen sich sowohl sinnvolle Einstellungen zum Beispiel während einer Jobsuche vornehmen als auch allzu *neugierige* Funktionen von LinkedIn abstellen. So fragt LinkedIn zum Beispiel regelmäßig, ob Sie Ihre Kontakte externer Konten mit LinkedIn synchronisieren möchten. Bitte lassen Sie das nicht zu.

- **Werbung:** LinkedIn spielt Werbung sowohl im Feed als auch in der rechten Spalte aus. In dieser Spalte können Sie *Allgemeine Einstellungen für Werbung* vornehmen, *Auf LinkedIn gesammelte Daten* sowie *Daten von Dritten* verwalten. Mit diesen Einstellungen können Sie verhindern, dass LinkedIn die über Ihr Profil und Ihr Verhalten gesammelten Daten nutzt, um entsprechend passende Werbung auszuspielen. Entscheiden Sie selbst, wie Sie damit umgehen wollen.

- **Kommunikation:** In diesem Bereich können Sie Einstellungen zu *Mitteilungen (nach Kanal)* festlegen, eine Entscheidung zu *Wer darf Sie kontaktieren?* sowie Ihre *Nachrichtenerfahrung* treffen.

Einstellungen zur Sichtbarkeit bei LinkedIn

Auch im Feld Kommunikation lassen sich zahlreiche Feineinstellungen vornehmen. Schauen Sie sich diesen Bereich in Ruhe an und nehmen Sie dann Ihre Einstellungen vor.

So können Sie festlegen, 1. wie häufig Sie Nachrichten erhalten möchten, 2. ob Sie Push-Nachrichten* (Push-Nachricht: direkte Nachricht auf ein Mobilgerät) erhalten möchten, 3. welche Art von Nachrichten Sie erhalten möchten, 4. wer Ihnen Einladungen schicken darf, 5. welche Nachrichten Sie von LinkedIn bekommen möchten.

Was Sie bei den Einstellungen beachten sollten

Grundsätzlich empfiehlt es sich, den Bereich mit den Einstellungen genau durchzugehen und selbst zu entscheiden, was Sie zulassen möchten und was nicht. So würde ich LinkedIn keinen Zugriff auf mein Adressbuch erlauben, damit es meine Kontakte einladen kann. Ich weiß nämlich, dass meine Kontakte kein Interesse haben, auf diese Art von mir angesprochen zu werden.

Auch empfiehlt es sich, möglichst viele Bereiche Ihres Profils auf unsichtbar zu stellen, wenn Sie gründlich daran arbeiten. So bekommen andere nichts davon mit und erst zum Schluss des Prozesses ein fertiges Profil präsentiert.

Mögliche Entscheidungskriterien:

1. **Wer aktiv auf Jobsuche ist, sollte zu finden sein.** Denn es spielt eine große Rolle, ob Headhunter oder Recruiter aus Unternehmen Ihr Profil finden können.

2. **Sie sind selbständig und wollen auf LinkedIn Kunden finden:** Dann sollte Ihr Profil selbstverständlich für jeden sichtbar sein und auch über LinkedIn hinaus bei Suchmaschinen indiziert werden.
3. **Sie sind zufrieden mit Ihrem Job, Angeboten anderer Unternehmen aber nicht abgeneigt:** Dann sollten Sie Ihr Profil nicht jedem zugänglich machen und lieber selbst Kontakt aufnehmen, wenn Ihnen etwas interessant erscheint.

5. 7 richtig gute Hacks, mit denen Sie gleich als LinkedIn-Profi erscheinen

1. **Den Profilslogan optimieren:** Im Header gibt es die Möglichkeit, einen Profilslogan einzufügen. Dieser sollte mit 70 Zeichen den Kern einer Person direkt erkennen lassen. Warum? Nun, er wird prominent im Header direkt unter dem Profilbild angezeigt und bei der Suche mit eingeblendet. Empfehlenswert ist es sogar, in den ersten 30 Zeichen die wichtigste Information unterzubringen. Denn mehr bekommt ein Nutzer in der App kaum zu sehen.
2. **Eigene LinkedIn-URL anlegen:** Bei LinkedIn lässt sich die automatisch vergebene URL mit Namen plus Zahlen ersetzen durch eine eigenen URL. So können Sie mit Ihrer eigenen LinkedIn-URL auch gleich an Ihrem Personal Branding arbeiten.
3. **Medien hochladen:** In *Im Fokus*, direkt unterhalb des Headers, können Artikel, Beiträge, Bilder, Videos und andere Medien eingebunden werden. Bilder von Arbeitsproben, Folien eines Vortrags zu einem Unternehmensprojekt, all das sind denkbare Möglichkeiten. Mit dem Blick auf den Nutzer, also den potenziellen Kunden, Arbeitgeber, Mitarbeiter... überlegen Sie sich, was diesen am meisten interessieren wird. Direkt sichtbar sind nämlich nur die ersten 2,5 (in der App: 1,5) Bilder, daher sollten diese immer aktuell sein.

4. **Einen Call-to-action in die ersten beiden Zeilen des *Info*-Kastens einfügen:** Vom Info-Kasten werden nur die ersten beiden Zeilen plus *Mehr erfahren* angezeigt. Diese zwei Zeilen sollten für eine Kernaussage oder eine Handlungsaufforderung genutzt werden. Vielleicht könnte hier als Maxime gelten: *„Komm schnell auf den Punkt!"*
5. **Profil in unterschiedlichen Sprachen anlegen:** Einer der großen Pluspunkte von Linkedin ist, dass sich Profile und Seiten in mehreren Sprachen anlegen lassen. Das bedeutet, dass Kunden, Kandidaten oder Multiplikatoren in ihrer jeweiligen Sprache angesprochen werden können. Zumindest ein Profil auf deutsch und englisch sollte für die meisten Unternehmen gängig sein. Beachten Sie dabei, dass sich die verschiedenen Sprachen auch mischen können. So sehen Menschen aus Deutschland auch Ihre englischen Beiträge und auch im Profil selbst sind nicht alle Bereiche sprachlich komplett getrennt.
6. **Als Selbständiger eine Unternehmensseite reservieren:** Sobald Sie als Selbständiger bei LinkedIn unterwegs sind, sollten Sie auch *Ihre* Unternehmensseite reservieren. Einfach, damit diese nur Ihnen zur Verfügung steht. Und wenn sie schon mal da ist, kann sie auch gleich ausgefüllt und auch benutzt werden. Sehen Sie diese mehr als wichtiges Fundament, Reichweite kommt allerdings über das persönliche Profil.
7. **Mit Artikeln, Beiträgen, Kommentaren Nutzen stiften:** Bestimmte Inhalte werden von LinkedIn mehr unterstützt als andere – vor einiger Zeit waren das Artikel, jetzt sind es eher Beiträge, Videos laufen besser als verlinkte Beiträge externer Websites, die einen finden Eventberichte doof, die anderen freuen sich, wenn sie erwähnt werden. Am Ende geht es immer um die Frage: Stiften Sie Nutzen oder erzählen Sie nur Marketing-Geschichten?

8. **Extra-Hack – Zahlen und Zeiten beachten:** Nichts ist für die Ewigkeit. Auch bei LinkedIn nicht. Behalten Sie daher Ihre Ergebnisse im Blick. Was hat gut funktioniert, was weniger? Wann ist Ihre Zielgruppe wirklich aktiv? Welche Beiträge weiß diese zu schätzen? Wie bringen Sie sich gut ins Gespräch? Legen Sie regelmäßig Reflexionsrunden ein und schauen Sie sich an, was gut lief, was nicht. Justieren Sie nach. Immer wieder.

6. Premium oder Premium Essentials: Wann sich ein Bezahl-Account für Sie lohnt

Neben dem kostenfreien Basisprofil gibt es eine Reihe von kostenpflichtigen Accounts, die sich bei LinkedIn abonnieren lassen:

- Für das private Profil: *Premium Essentials*
- Für die Jobsuche: *Premium Career*
- Zur Kundengewinnung/Netzwerkerweiterung: *Premium Business*
- Lead-Generierung: *Sales Navigator Professional*
- Zur Mitarbeitersuche: *Recruiter Lite*
- Zur Weiterbildung: *LinkedIn Learning*

Hier soll es nur um die Varianten *Premium Essentials* sowie *Premium Career* und *Premium Business* gehen. *Premium Essentials* wurde von LinkedIn als Konkurrenzprodukt zum Premium-Abonnement bei Xing eingeführt. Mit knapp 100 Euro liegt es preislich im gleichen Rahmen. *Premium Career* und *Premium Business* sind mit jeweils 29,49 Euro bzw. 44,25 Euro (im Jahresabo) um einiges teurer.

LinkedIn selbst empfiehlt *Premium Essentials* denjenigen, die *ihrer Karriere neuen Schwung verleihen wollen*, wobei die Vorteile auch für Selbständige zum Tragen kommen: Anzeigen aller Profilbesucher, 5 InMail-Nachrichten, ohne dass man mit jemanden vernetzt sein muss. Wer zudem auf der Suche nach einem neuen Job ist, kann sich mit anderen Bewerbern vergleichen und steigt auf der Bewerberliste von Recruitern nach oben.

Mit *Premium Career* bekommt man ebenfalls Einblick in die Liste der Profilbesucher aus den letzten 90 Tagen – eine wichtige Funktion, um Rückschlüsse darüber zu erhalten, ob die Einstellungen des Profils stimmen. Außerdem lassen sich direkte Nachrichten an Personaler schicken und Sie werden als Bewerber bei Recruitern vorgestellt. Besonders wertvoll an diesem Abonnement finde ich den Zugang zu LinkedIn Learning mit zahlreichen Online-Videokursen.

Auch bei *Premium Business* sind die Profilbesucher ersichtlich, zudem lassen sich 15 InMail-Nachrichten verschicken, ohne dass man mit dem Mitglied vernetzt sein muss. LinkedIn Learning gehört ebenfalls dazu sowie die uneingeschränkte Personensuche bis hin zu Kontakten 3. Grades.

Fazit:

Für den Start – und eigentlich auch weit darüber hinaus – reicht bereits ein kostenfreies Basis-Profil bei LinkedIn. Damit lässt sich das Profil genauso gestalten wie mit den bezahlten Varianten. Wer allerdings systematisch Kunden ansprechen oder seine Karriere vorantreiben möchte, sollte sich für eine der Premium-Varianten entscheiden. Da mit *Premium Essential* bereits die Profilbesucher ersichtlich werden und damit eine Analyse erleichtert wird, werden die meisten mit diesem Abonnement eine passende Variante nutzen können.

3. Die Unternehmensseite: Wichtig oder kann die weg?

LinkedIn bietet neben den persönlichen Profilen auch Unternehmensseiten an. Zusätzlich lassen sich noch Fokusseiten und Gruppen anlegen. So taucht bei der Erstellung der persönlichen Seite bei Selbständigen und Unternehmerinnen – vor allem wenn diese Einzelunternehmer sind – oft die Frage auf, ob zusätzlich eine Unternehmensseite angelegt werden sollte.

Tipp:

Legen Sie eine Unternehmensseite an. Allein schon, um den Unternehmensnamen selbst bei LinkedIn gesichert zu haben. Außerdem lässt sich nur bei der Unternehmensseite das Logo des eigenen Unternehmens einbinden und dann im Profil anzeigen. Darüber hinaus lassen sich natürlich mit der Unternehmensseite Kunden, Bewerberinnen oder Geschäftspartner über das eigene Unternehmen informieren. Eine besonders wichtige Funktion steht zudem nur auf der Unternehmensseite zur Verfügung: das Anlegen und Schalten von Anzeigen.

Große, internationale Unternehmen haben es bei der Nutzung von Unternehmensseiten bei LinkedIn insofern leichter, als sie allein schon durch die Anzahl der Mitarbeiter bei LinkedIn und die Bekanntheit ihrer Marke leichter Follower gewinnen können. So kommt es denn auch, dass sich bei den *„Top Companies – Wo Deutschland jetzt arbeiten will* [4] *"* ausschließlich 25 große Unternehmen finden.

Die Frage, die sich aus dem Anlegen einer Unternehmensseite ergibt, ist die nach der Pflege. Schließlich muss jedes Profil und jede Seite in verschiedenen Social-Media-Kanälen gepflegt und mit Inhalten gefüllt werden. Bei kleineren Unternehmen mit begrenzten Ressourcen kann es daher eine Vorgehensweise sein, von den Möglichkeiten her zu denken. Es hilft ja nichts, wenn man hohe Ansprüche an sich stellt und diese dann nicht erfüllen kann.

Für die Unternehmensseite bei LinkedIn bedeutet dies, dass Sie zwar eine Seite anlegen sollten, sich im Anschluss aber entschließen können, diese zunächst nicht zu bespielen. Vergrößern Sie erst einmal Ihr persönliches Netzwerk und lernen Sie, welche Inhalte sich wie am besten platzieren lassen. Unternehmen mit mehreren Mitarbeiterinnen sollten diese ermutigen, bei LinkedIn mit einem Profil vertreten zu sein und

---

[4] https://www.linkedin.com/pulse/top-companies-2019-wo-deutschland-jetzt-arbeiten-sara-weber/

auch die Unternehmensseite im Profil mit einzubinden. Zu einem späteren Zeitpunkt kann dann an der Reichweite der Unternehmensseite gearbeitet werden.

Unternehmen, die über mehr Ressourcen, auch in Form von Mitarbeitern verfügen, werden sich eher Unterstützung von Seiten einer Agentur oder Social-Media-Expertise im eigenen Haus holen und können dann gezielt die Reichweite der Unternehmensseite ausbauen.

1. Aufbau und Funktionen

Eine Unternehmensseite können Sie einrichten, indem Sie das *LinkedIn Marketing Solutions Portal* aufrufen und auf den Button *„Meine Unternehmensseite[5]“* klicken.

Beim Anlegen der Unternehmensseite werden dann die wichtigsten Informationen direkt abgefragt, so dass Sie diese nur noch ausfüllen müssen. Am Ende möchte LinkedIn natürlich noch wissen, ob Sie wirklich berechtigt sind, die Unternehmensseite anzulegen.

Beim Ausfüllen sollten Sie auf möglichst umfassende Informationen achten, da vollständig ausgefüllte Unternehmensseiten ihre Followerzahl doppelt so schnell vergrößern können wie unvollständig ausgefüllte. Besonders wichtig ist hier die Unternehmensbeschreibung, bei der bis zu

---

[5] https://www.linkedin.com/company/setup/new/?src=re-other&veh=blog.hootsuite.com%257Cre-other&trk=nav-emea

2.000 Zeichen zur Verfügung stehen. Achten Sie beim Ausfüllen der Firmenbeschreibung darauf, dass die ersten 156 Zeichen besonders aussagekräftig sind, denn diese werden in der Google-Vorschau Ihrer Unternehmensseite angezeigt.

Unter der Unternehmensbeschreibung lassen sich noch bis zu 20 Spezialgebiete hinzufügen. Diese sollten wie Schlagworte oder Tags verstanden werden, die die Einordnung der Unternehmensseite erleichtern und damit anderen LinkedIn-Mitgliedern helfen, Ihr Unternehmen zu finden.

Denken Sie bei der Auswahl der Schlagworte auch daran, aus der Perspektive Ihres Kunden heraus zu denken:

- Mit welchen Begriffen würde er Ihre Dienstleistung/Ihr Produkt beschreiben?
- Welche Punkte könnten zusätzlich für ihn wichtig sein, nach denen er auch suchen würde?

Um die Unternehmensseite hinterher zu bearbeiten, gehen Sie einfach auf einen der kleinen Bleistifte im Header unterhalb des Bildes. Hier lassen sich alle Angaben ändern.

- **Unter *Kopfzeile* lassen sich als *Seiteninfo* das Logo, der Unternehmensname sowie der Slogan einbinden.** Hier können Sie zudem verschiedene Buttons einbinden wie *Anmelden, Kontakt, Mehr erfahren, Registrieren* oder *Website besuchen*. Wenn Sie keinen Button einbinden möchten, ist auch das möglich.

- **Unter *Über uns* geben Sie Details zur Unternehmensseite an.** Dazu gehört eine ausführliche Beschreibung, in der sich mit 2.000 Zeichen Inhalt und Zweck des Unternehmens darstellen lässt. Am wichtigsten sind dabei die ersten 156 Zeichen, denn diese werden in den Google-Ergebnissen angezeigt. Achten Sie an dieser Stelle darauf, dass Sie auf Ihr Impressum verweisen, entweder, indem der Website-Link direkt auf Ihr Impressum verweist oder im Text der entsprechende Hinweis eingebunden wird.

- **Als weitere Informationen gehören Website, Angaben zur Branche, Unternehmensgröße, -typ, Telefonnummer und Gründungsjahr dazu.** Besonders wichtig ist hier den Punkt *Spezialgebiete*, in dem sich bis zu 20 Stichwörter anführen lassen. Nutzen Sie die Möglichkeit, an dieser Stelle Stichwörter zu Ihrem Unternehmen zu hinterlegen, mit denen nach Ihnen gesucht werden könnte.

- **Außerdem lassen sich unter diesem Punkt *Standorte* angeben**, die dann auch in einer Karte dargestellt werden.

- **Unter *Community* können Sie drei Hashtags auswählen, zu denen Ihnen dann Beiträge angezeigt werden.** Außerdem können Sie unter diesem Punkt Ihre Gruppen vorstellen, so dass LinkedIn-Nutzern direkt über Ihre Unternehmensseite eine Mitgliedsanfrage stellen können.

- **Im letzten Punkt lassen sich noch die *Sprachen verwalten*.** Hier können Sie bis zu 20 Sprachen hinzufügen, so dass Sie Mitglieder aus der ganzen Welt in ganz verschiedenen Sprachen ansprechen können. Beachten sollten Sie allerdings, dass Sie Sprachen nicht mehr entfernen können und Informationen in verschiedenen Sprachen selbst angelegt werden müssen.

- **In der rechten Spalte auf der Unternehmensseite lassen sich Events anlegen.** LinkedIn baut den Event-Bereich zunehmend aus und bietet immer mehr Möglichkeiten.

Achten Sie außerdem darauf, dass Sie mehrere Seitenadministratoren hinzufügen und nicht allein für die Seite zuständig sind. So gibt es immer noch einen Zugriff auf die Seite, wenn Sie mal ausfallen sollten. Achten Sie auch darauf, dass Zugriffsrechte und Zugänge geklärt und bei Ausscheiden eines Mitarbeiters auch gelöscht bzw. übertragen werden.

Im nächsten Schritt sollten Sie sicherstellen, dass alle Mitarbeiterinnen, die ein Profil bei LinkedIn haben, dieses mit der Unternehmensseite *verlinken*. Das geht einfach in den Profileinstellungen, in dem sie im Bereich *Berufserfahrung* Ihr Unternehmen suchen und dann einsetzen. Ermutigen Sie also Ihre Mitarbeiter, sich auf diese Weise mit Ihrer Unternehmensseite zu verbinden.

2. Reichweite der Unternehmensseite erhöhen: So klappt es garantiert

Eins vorneweg: LinkedIn macht es Unternehmen – vor allem kleineren und mittelständischen – nicht gerade leicht, mit ihren Unternehmensseiten gesehen zu werden: Das Netzwerk möchte Menschen miteinander verbinden – und nicht Unternehmen mit Unternehmen. Gerade kleine Unternehmen sollten es eher bei einer Seite mit den grundlegenden Informationen belassen, um ihre Ressourcen an den Stellen einzusetzen, die sich tatsächlich lohnen.

Wenn Sie sich im Unternehmen hingegen entscheiden, die Unternehmensseite aktiv zu bespielen, geht es im nächsten Schritt darum, passende Inhalte zu konzipieren und zu erstellen.

Hier stehen folgende Fragen im Vordergrund:

- Was soll mit der Unternehmensseite erreicht werden?
- Geht es darum, neue Mitarbeiter anzusprechen, Kunden zu gewinnen oder womöglich beides?
- Wie soll das Unternehmen wahrgenommen, welches Bild als Arbeitgeber vermittelt werden?
- Welche Inhalte kommen bei der Zielgruppe gut an?
- Welche Informationen werden als nützlich empfunden?

Themenplan und Redaktionsplan erstellen

Überlegen Sie sich ausgehend von Ihrem festgelegten Ziel, welche Themen Sie auf Ihrer Unternehmensseite behandeln wollen. Aus den Themen entwickeln Sie dann den Redaktionsplan, den Sie einmal fürs Kalenderjahr vorplanen und jeweils um aktuelle Ideen ergänzen sollten.

Bei der Erstellung der Jahresplanung und auch für die unterjährige Planung sollten Sie sich nicht nur als Kommunikationsabteilung zusammensetzen, sondern idealerweise Kollegen aus anderen Abteilungen wie Personal, Vertrieb, Produktentwicklung, Innovationsmanagement oder dem Kundencenter dazu holen. So lassen sich Inhalte entwickeln und Botschaften vermitteln, die der Kommunikationsabteilung allein gar nicht eingefallen wären. Die Beteiligung hat zudem den Effekt, dass sich alle Mitarbeiter viel besser mitgenommen fühlen und eher bereit sind, Inhalte zu teilen oder zu kommentieren.

Mitarbeiter als Fürsprecher einbinden

Es ist besonders wichtig und hilfreich für die Reichweite Ihrer Botschaften, dass Sie Mitarbeiterinnen als Fürsprecher Ihres Unternehmens einbinden.

> **Tipp:** Erklären Sie Ihren Mitarbeitern, warum und wofür Sie LinkedIn benutzen wollen und welche Strategie dahintersteckt. Wenn Sie über LinkedIn neue Mitarbeiter suchen möchten, hilft es zum Beispiel, wenn Stellenanzeigen geteilt werden oder

> Beiträge zu Arbeitsinhalten. Besonders interessant für potenzielle Bewerber sind hier oft Inhalte, die etwas über das Miteinander in Ihrem Unternehmen erzählen, Projekte vorstellen oder einfach nur Fragen stellen. Ermutigen Sie Ihre Belegschaft also unbedingt, sich hier mit Kommentaren, dem Teilen von Beiträgen oder eigenen Beiträgen einzubringen. Und: Fangen Sie bitte nicht an, Inhalte zu „zensieren“ und zu verlangen, man solle diese erst der Kommunikationsabteilung vorlegen – das zerstört sämtliche Authentizität und vor allem die Lust, für das eigene Unternehmen zu sprechen.

Harald Kraus, Vorstandsmitglied und Arbeitsdirektor bei DSW21 brachte es in einem LinkedIn-Beitrag besonders gelungen auf den Punkt:

> *„Die Mitarbeitenden wertschätzen heißt für mich auch, Ihnen Freiheiten zu geben. Zum Beispiel in der Kommunikation Restriktionen nicht zu eng zu fassen. In unserer neuen Social Media Guideline gilt im Wesentlichen ein Grundsatz:* ***„Wir sagen auf Social Media Dinge, die wir auch vor einem Publikum mit 100 Leuten sagen würden.“*** *So einfach, so klar.“*

Die Schwierigkeit besteht darin, dass den Nutzern in ihrer Timeline Beiträge von Unternehmensseiten selten angezeigt werden. Da muss man schon sehr regelmäßig posten – am besten einmal am Tag. Außerdem sollten Beiträge und Updates aus dem Unternehmen einen Mehrwert für die Follower der Seite liefern. Das müssen nicht mal immer eigene Inhalte sein, auch News aus anderen Quellen können Sie hier nutzen. Gerade, wenn es darum geht, Nutzerinnen zur Diskussion anzuregen, bietet sich die Einbindung von externen Quellen an.

Beiträge sollten insgesamt abwechslungsreich und nutzwertig sein, also zwischen Bildern, Videos und verlinkten Beiträgen wechseln. Auch hier sollten Sie darauf achten, dass beteiligte Personen oder Unternehmen per @-Zeichen verlinkt werden.

5 Tipps, wie sich die Reichweite der Unternehmensseite steigern lässt:

1. **Binden Sie andere Nutzer und das eigene Team mit ein:** Mit dem @-Zeichen wird die genannte Person (oder auch das Unternehmen) über die Erwähnung benachrichtigt. Die meisten Menschen freuen sich darüber und vergeben zumindest ein *Like*. Wenn Sie mit anderen Menschen ins Gespräch kommen wollen – gerade als Unternehmen – dann sprechen Sie diese gezielt an. Umgekehrt gilt das übrigens auch: Andere Nutzer bei LinkedIn freuen sich, wenn Sie als Unternehmensseite etwas *liken* oder kommentieren.

2. **Unterstützen Sie smarte Aktivitäten:** Am besten ist es, wenn Ihre Mitarbeiter unter einem Beitrag kommentieren. Das findet der Algorithmus von LinkedIn super, weil es ihm zeigt, dass hier ein Gespräch in Gang kommen könnte. Also spielt LinkedIn den Beitrag häufiger aus – und wenn dann weitere Reaktionen kommen, noch häufiger. Bis das Schwungrad so richtig in Fahrt kommt!

3. **Machen Sie es interessant, smart und nützlich:** Bei aller Technik zur Steigerung der Reichweite kommt es am Ende immer auf die Frage zurück: Nützt es dem Follower der Seite, Ihrem Leser? Der Nutzen kann ein Denkanstoß sein, ein lustiges Bild, ein Konferenzbericht in Bildern. Auch ein kurzes Statement zu einem Buch, das Sie gelesen haben, finden die meisten nützlich.

4. **Was nicht nützlich ist:** Einfach nur etwas zu teilen, weil Leute es irgendwie lesen sollen – Pressemitteilungen zum Beispiel oder Produkttexte. Wenn Mitarbeiter also eine Stellenanzeige teilen, ermutigen Sie diese dazu, dies mit ihren eigenen Worten zu machen. Lassen Sie zu, dass diese Ihre eigene Sprache verwenden, auch wenn sie nicht immer 1:1 den Sprachrichtlinien des Unternehmens entspricht.

5. **Bleiben Sie bei LinkedIn:** Der Hintergrund: LinkedIn will alle(s) bei LinkedIn behalten. Deshalb werden alle Beiträge belohnt, die die Nutzerinnen im Online-Netzwerk halten. Das bedeutet: Wer nach draußen auf Blogbeiträge, YouTube-Videos oder Podcasts verlinkt, wird mit geringerer Reichweite bestraft. Das bedeutet: Bild + Beitrag, Slideshow oder eine Umfrage funktionieren für die Reichweite am besten.

6. **Mehr vom eigenen Team lesen:** Sind Ihre Mitarbeiter schon mit den Kollegen vernetzt und folgen der Unternehmensseite? Nutzen Sie die Chance, nicht nur vom Flurfunk abhängig zu sein, sondern auch online im

Gespräch zu bleiben. Manchmal werden Sie überrascht sein, was die Kolleginnen aus der Personalabteilung bewegt. Oder aus der IT. Ein weiterer Vorteil eines großen Teams: Auch um das Unternehmen herum werden Menschen aufmerksam – und vielleicht neugierig auf einen Job im Unternehmen?

Fazit:

Grundsätzlich ist eine Unternehmensseite bei LinkedIn wichtig, weil Sie diese als eine eigene Mini-Webpräsenz ansehen können. Wer im Unternehmen nicht über ein Kommunikations-Team verfügt und somit regelmäßig posten kann, sollte hier genau abwägen, wie viel Aufwand hier hineingesteckt werden kann. Mitarbeiter zu ermutigen, sich an Gesprächen oder Diskussionen zu beteiligen und Beiträge von der Unternehmensseite zu teilen, ist ein hehres Ziel. Das braucht aber eine Strategie, Vorbereitung, Freiraum und die Bereitschaft, gemeinsam zu lernen. Was unbedingt vermieden werden sollte: Dass sich die Unternehmenskommunikation die Beiträge von Mitarbeiter vorlegen lässt und gegenliest.

3. LinkedIn Analytics: Wichtige Kennzahlen für die Unternehmensseite

Eine Funktion der Unternehmensseite liefert wichtige Kennzahlen: *LinkedIn Analytics*. Unter *LinkedIn Analytics* können Sie sich anzeigen lassen, wie oft Ihre Beiträge aufgerufen wurden, wie viele Mitglieder Ihre Seite besucht und auf den Button oben im Header geklickt haben. Außerdem erhalten Sie demografische Daten zu den Besuchern wie *Tätigkeitsbereiche, Ort, Karrierestufe, Unternehmensgröße* und *Branche* – wichtige Hinweise, um Rückschlüsse darüber zu ziehen, ob Sie mit Ihrer Unternehmensseite auch die richtigen Leute erreichen.

Wie intensiv Sie LinkedIn Analytics nutzen, hängt sicher damit zusammen, wie aktiv Sie Ihre Unternehmensseite nutzen. Wenn diese Seite hauptsächlich der Präsenz dient und wenig Inhalte ausgespielt werden sollen, lassen sich natürlich nicht so viele Schlüsse ziehen – einfach, weil keine Daten zur Verfügung stehen.

Unabhängig von den Zugriffzahlen sollten Sie allerdings die Zahl der Follower im Blick behalten: Folgen Ihnen die Mitarbeiter aus Ihrem Unternehmen und gewinnen Sie weitere Follower hinzu? Wenn diese Zahlen nach oben zeigen, ist das schon einmal ein gutes Ergebnis. Wie bereits oben beschrieben, müssen Sie sich für Ihre Unternehmensseite eine gute Strategie überlegen, um mit dieser Reichweite zu erzielen.

Hier empfiehlt es sich, die Unternehmensseite grundsätzlich in Ihrer Kommunikation einzubinden: Weisen Sie im Newsletter auf die Seite hin, in den E-Mail-Signaturen und laden Sie außerdem gezielt Kontakte über Ihr persönliches Profil oder die Profile von Mitarbeitenden ein. Erst mit einer gewissen Anzahl an Follower*innen erhalten Sie weitergehende Möglichkeiten für die Unternehmensseite wie zum Beispiel die, *LinkedIn Live* zu nutzen.

Zudem ist es natürlich möglich, Werbung zu schalten und damit andere LinkedIn-Nutzer auf sich aufmerksam zu machen. Dafür empfehle ich, sich einen Profi oder eine spezialisierte Agentur an die Seite zu holen, die sich mit den Feinheiten von *LinkedIn-Ads* auskennt.

Werbung schalten bei LinkedIn

Über den Administrator-Bereich der Unternehmensseite bei LinkedIn können Sie Anzeigen schalten, um die Reichweite von Beiträgen zu erhöhen oder auch Werbung im rechten Bereich des Feed zu platzieren.

Dafür geht man als Administrator auf die Seite *LinkedIn Kampagnen-Manager* und kann nun Kampagnengruppen mit Kampagnen und den entsprechenden Anzeigen anlegen. In diesem Buch soll nicht auf die Feinheiten eingegangen werden, denn die Möglichkeiten zur Einstellung sind ähnlich vielfältig wie die Schaltung von Facebook Ads und würden den Rahmen hier sprengen. Es kann sich aber durchaus lohnen, bei einzelnen Beiträgen die Reichweite durch Werbung zu steigern und Events lassen sich ebenfalls dadurch bewerben. Wer mit seinem Unternehmen LinkedIn als einen Haupt-Vertriebskanal für sich identifiziert hat, sollte sich sogar ausführlich mit den Möglichkeiten beschäftigen.

Ein Tipp kann es auch sein, statt direkt über LinkedIn *Bing Ads* zu schalten. Diese sind im Vergleich zu den direkt geschalteten Anzeigen günstiger, erscheinen aber trotzdem im LinkedIn-Netzwerk.

4. Was es mit den Fokusseiten auf sich hat

Neben den Unternehmensseiten bietet LinkedIn *Fokusseiten* an. Diese sind vor allem relevant, wenn ein Unternehmen unter seinem Dach unterschiedliche Marken führt bzw. Produkte und Services anbietet und entsprechend unterschiedliche Zielgruppen erreichen möchte. Eine interessante Option, die natürlich entsprechend präsentiert und gepflegt werden sollte.
Im Unternehmen würde ich daher immer abwägen, ob sich der zusätzliche Aufwand für Fokusseiten lohnt.

Hier sehen Sie einmal das Beispiel von Microsoft und wie dieses Unternehmen Fokusseiten nutzt:

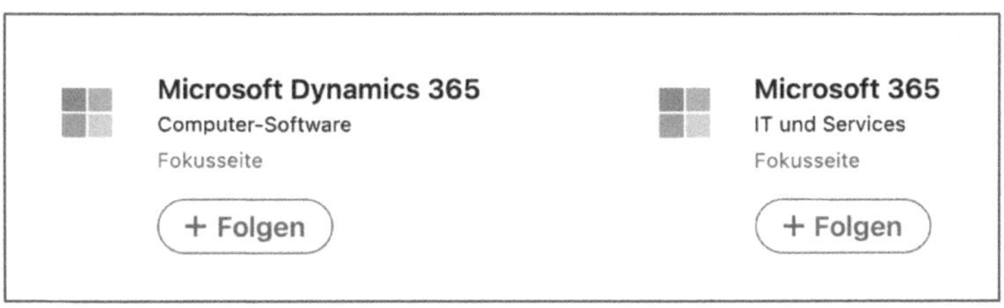

Im Detail sieht die Fokusseite von Microsoft Dynamics 365 folgendermaßen aus:

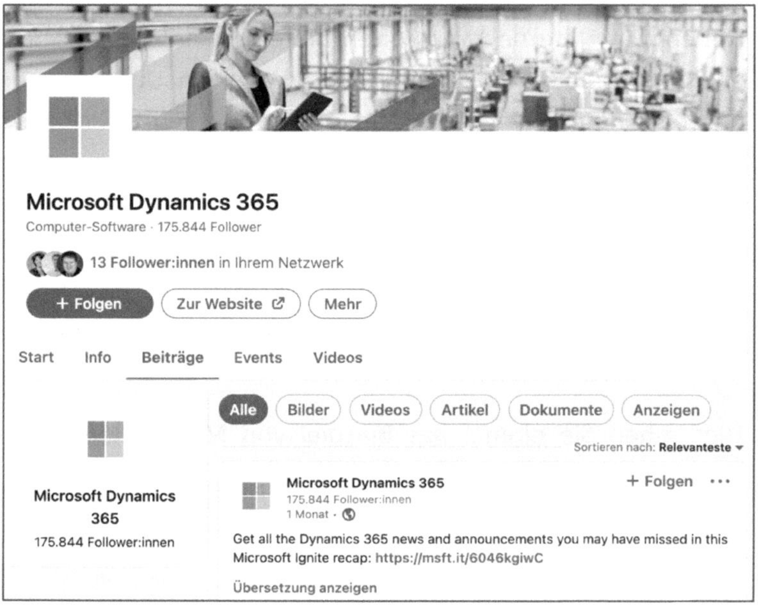

Selbst für kleine Unternehmen kann es sich lohnen, eine Fokusseite anzulegen, so wie ich das für den *Netzwerkbooster* gemacht habe. Auf dieser Fokusseite finden sich all die Events, Beiträge und Informationen, die ich rund um die *Netzwerkbooster*-Produkte und -Dienstleistungen kommunizieren möchte. Davon grenzt sich die Unternehmensseite der *Blindert Beratung* klar ab und spricht zugleich eine andere Zielgruppe an.

> **LinkedIn-Hack:** LinkedIn lässt es eigentlich nicht zu, dass man mit einer Unternehmens- oder Fokusseite kommentiert oder *Likes* verteilt.

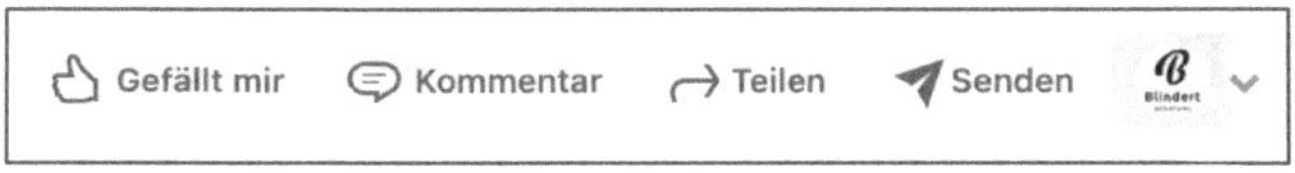

Mit der kleinen Chrome-Browser-Erweiterung *Link Company Page Interactor*[6] von Jens Polomski lässt sich LinkedIn um diese Möglichkeit erweitern.

[6] https://chrome.google.com/webstore/detail/link-company-page-interac/ohbdmbaplkmebiebhbfdpghedojpmlkl?hl=de

4. Der Aufbau Ihres Netzwerks

Im Zusammenspiel all Ihrer Netzwerk-Aktivitäten sollte LinkedIn nur eines der möglichen Plattformen sein, wenn auch wahrscheinlich eine ziemlich wichtige. Bei dem Aufbau eines Profils geht es natürlich auch immer um die Frage, welche Ressourcen zur Verfügung stehen und – wie bereits in Kapitel 2 dieses Buches beschrieben – wo sich Ihre Zielgruppe befindet.

LinkedIn bietet als wirklich internationales Business-Netzwerk hervorragende Möglichkeiten, weltweit Kontakte zu knüpfen und Kunden oder Mitarbeiter zu gewinnen. Neben den digitalen Möglichkeiten der Vernetzung, entstanden in den letzten Jahren in vielen Städten und Regionen außerdem LinkedIn Local-Gruppen, bei denen sich LinkedIn-Nutzer auch im wirklichen Leben treffen.

Wenn Sie frisch bei LinkedIn starten, fehlen Ihnen natürlich noch die Kontakte. Daher lautet eine der Regeln für den Start, sich erst einmal mit vielen Menschen zu verbinden. LinkedIn hilft Ihnen dabei und schlägt Ihnen weitere mögliche Kontakte vor. Außerdem erreichen Ihre Beiträge leichter eine höhere Reichweite, je stärker Sie vernetzt sind.

Zum Glück macht es LinkedIn seinen Mitgliedern nicht besonders schwer, sich miteinander zu vernetzen. Das Netzwerk ermutigt seine Nutzer sogar, schnell und unkompliziert miteinander ins Gespräch zu kommen. Das hat dann wieder einen anderen Haken, doch davon später.

4.1. Vernetzung bei LinkedIn: Leichter geht´s nicht

Wie bereits gesagt, macht es LinkedIn seinen Nutzern denkbar einfach, sich miteinander zu vernetzen. Wenn Sie sich bei LinkedIn einloggen und auf den Reiter *Netzwerk* gehen, finden Sie oben direkt Ihre Kontaktanfragen und darunter die von LinkedIn vorgeschlagenen Nutzer. LinkedIn schlägt Ihnen diese anderen LinkedIn-Mitglieder aufgrund der Informationen aus Ihrem Profil und Ihrem Verhalten vor. Machen Sie es sich zur Gewohnheit, diese Vorschläge nach Profilen zu durchsuchen, die für Sie interessant sein könnten. Wenn Sie eines gefunden haben, klicken Sie einfach auf *Vernetzen*. Zusätzlich können Sie eine Nachricht an die angefragte Person mitschicken. Von vielen Mitgliedern wird diese schnelle Kontaktanbahnung akzeptiert – eine Vernetzungsanfrage mit Nachricht zu schicken gilt zwar als höflicher, doch ist einem mit einer Anfrage à la: „... Ihr Profil ist mir angenehmen aufgefallen. Daher würde ich mich freuen, wenn wir uns hier vernetzen könnten." auch nicht weitergeholfen. Im nächsten Kapitel gehe ich näher darauf ein, wie Sie passende Kontaktanfragen formulieren, wenn es um potenzielle Kunden oder Bewerberinnen geht.

Anfragen anderer Mitglieder

Gleichzeitig wird es Ihnen passieren, dass Sie Anfragen anderer LinkedIn-Mitglieder zur Vernetzung bekommen. Da die meisten ohne Nachricht anfragen, müssen Sie selbst entscheiden, was der Beweggrund des Gegenübers für diese Anfrage sein könnte – und ob Sie sich mit dieser Person verbinden möchten.

Das ist manchmal gar nicht so leicht, weil einen zahlreiche Anfragen erreichen, die einem beliebig vorkommen. Um zu entscheiden wie Sie mit Anfragen umgehen, sollten Sie folgende Überlegungen anstellen:

- **Reichweite:** Je mehr Kontakte Sie haben, umso mehr potenzielle Adressaten haben Sie für Ihre Inhalte.
- **Exklusivität:** Je exklusiver Sie Ihr Netzwerk halten wollen, umso restriktiver sollten Sie mit Anfragen zur Vernetzung umgehen.
- ***Folgen* statt *Vernetzen*:** LinkedIn bietet Ihnen auch die Möglichkeit, stattdessen die Funktion *Folgen* anzubieten: Dann können andere Mitglieder Ihnen auch folgen, ohne sich mit Ihnen zu vernetzen. Da nur wenige wissen, dass man Ihnen trotzdem eine Kontaktanfrage stellen kann, ist das eine gute Lösung, um den Kreis der Kontakte zu begrenzen.

Es empfiehlt sich außerdem, ab und zu die Kontaktliste durchzugehen und zu entscheiden, ob es sich lohnt, mit der ein oder anderen Person die Verbindung zu vertiefen oder sie wieder aus der Kontaktliste zu entfernen. Denn ein Kontakt bei LinkedIn bedeutet erst einmal nur eine Verknüpfung von zwei Datensätzen. Erst wenn Sie eine Verbindung zu dieser Person aufbauen, entsteht ein echtes Netzwerk.

Systematisch Ihr Netzwerk erweitern – per Suche

Neben den vorgeschlagenen Kontakten sollten Sie selbst auf die Suche nach passenden Kontakten gehen. Dazu gibt es die LinkedIn-Suche, über die Sie Personen, Jobs, Inhalte, Unternehmen, Hochschulen oder Gruppen suchen können. Dafür gehen Sie einfach auf der Startseite von LinkedIn oben in das Suchfeld und klicken auf *Enter*. Damit öffnet sich die Suche bei LinkedIn mit den Filtermöglichkeiten.

LinkedIn schlägt verschiedene Filter vor. So lassen sich Suchergebnisse nach *Kontakten 1. oder 2. Grades*, *Standorten* oder *Aktuellen Unternehmen* filtern. LinkedIn zeigt zudem noch die Möglichkeit *Alle Filter* an. Wenn Sie auf diese Auswahl gehen, können Sie weitere Filter hinzufügen.

Als weitere Filter stehen *Frühere Unternehmen*, *Branchen*, *Kontakte von*, *Profilsprache*, *Hochschulen/Berufsschulen*, *Kontaktinteressen* sowie *Serviceleistungen* zur Verfügung. Damit lassen sich gezielte Recherchen nach Personen, Unternehmen, Beiträgen oder Jobs durchführen.

Suche mit Booleschen Operatoren

Wer seine Suche optimieren möchte, wird nicht um die Boolesche Suche herumkommen. Mit diesen Operatoren lassen sich Suchbegriffe eingrenzen oder erweitern, zusammenfassen oder ausschließen. Dafür verwendet man die Befehle AND, OR, NOT und „…".

- **AND: Verbindet zwei Suchbegriffe miteinander.** Beide müssen dann zwingend im Ergebnis enthalten sein. Beispiel: Hochschule XY UND Studienfach. Wenn Sie nach „TH Köln" UND Maschinenbau suchen, dürfen Ihnen keine Profile mit „Elektrotechnik" angezeigt werden.
- **OR: Erweitert einen Suchbegriff um einen weiteren.** Um beim Beispiel zu bleiben, könnte die Suche so aussehen: „TH Köln" AND Fahrzeugbau OR Elektrotechnik – die gesuchten Kandidaten müssten also zwingend an der TH Köln studieren oder studiert haben und eines der beiden Fächer studieren.
- **Mit „..." verbinde ich einen Begriff:** „Technische Hochschule Köln". LinkedIn dürfte mir also keine Personen anderer Hochschulen anzeigen.
- **NOT: Mit diesem Befehl schließe ich bestimmte Begriffe aus meiner Suche aus.** Ich könnte dann formulieren: „TH Köln" AND Maschinenbau NOT Ford – ich würde mir also ausdrücklich wünschen, dass die gesuchte Person nicht bei Ford arbeitet, ein Praktikum gemacht hat etc.

Wenn ich zum Beispiel einen Kontakt aus meiner alten Schule suchen möchte, würde ich folgendermaßen vorgehen:

- „St. Ursula Gymnasium" AND Attendorn – Dann müssen in den Suchergebnissen zwingend die Schule und der Ort vorkommen. Wenn ich die Verknüpfung AND weglassen würde, würde mir LinkedIn einfach alle Gymnasien mit diesem Namen anzeigen – immerhin eine Eingrenzung von 880 Suchergebnissen auf 72.
- „Technische Hochschule Köln" AND Fahrzeugtechnik AND Ford: So könnte zum Beispiel eine Suche nach einem möglichen Kandidaten für eine Stelle in einem

Unternehmen aussehen.

Wie sich anhand der Beispiele ersehen lässt, gibt es bei LinkedIn gute Möglichkeiten zur Recherche nach Personen, Unternehmen oder auch nach Inhalten. Je nachdem, welches Profil Sie abonniert haben, kann es sein, dass Ihnen nicht alle Ergebnisse mit Namen angezeigt werden – dafür würde es sich dann lohnen, ein Premium-Profil zu buchen. Wenn es dann ganz ausgefeilt werden soll, müssten Sie den *Sales Navigator* wählen – doch der soll hier nicht das Thema sein.

Wichtige Ergänzung: LeadDelta

Leider gibt es bei LinkedIn keine Möglichkeit, die Kontakte mit *Tags* – so etwas wie Schlagworten oder Mini-Notizen – zu versehen. Dafür kann man sich mit einer Erweiterung, dem Programm *LeadDelta*[7], behelfen. Mit LeadDelta kann ich meine Kontakte mit Tags versehen und so verschiedenen Projekten oder Kundengruppen zuordnen. Es ist zudem möglich, Notizen zu den Kontakten hinzuzufügen.

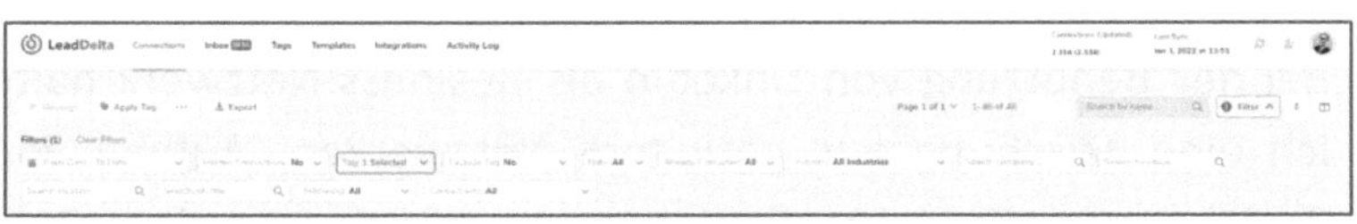

Mit LeadDelta lassen sich außerdem verschiedene **Nachrichten-Templates verfassen:** Je nachdem, welches Ereignis eingetreten ist, kann ich via LinkedIn Nachrichten an

[7] https://leaddelta.com/

meine Kontakte verschicken. Damit kann ich meine Kommunikation mit meinen Kontakten automatisieren.

Bei der Nutzung solcher Vorlagen ist es wichtig, nicht die vorgefertigten Nachrichten eines Programms wie LeadDelta zu nutzen, sondern ich stattdessen gründlich Gedanken über eine Ansprache zu machen, die Ihre Kunden nicht vergrault. Auch hier hilft es, wenn Sie sich den Prototypen Ihres Kunden vor Augen halten und für diese Persona persönlich schreiben.

Mischung aus gezielt und Zufall

Bei der Benutzung von LinkedIn als Business-Netzwerk halte ich eine Mischung aus gezieltem Netzwerken, Aufbau von Beziehungen, Kontaktaufbau zum Austausch und dem Pull-Prinzip durch passende Inhalte für viele Anwendungsfälle für sinnvoll. LinkedIn lebt zu einem Großteil davon, Gespräche zu führen, in den Austausch zu gehen und nicht allein als Akquisemaschine (miss-) verstanden zu werden.

Wenn Sie also auf die Suche nach Personen sind, überlegen Sie sich, was genau Ihr Interesse an diesen Personen ist und was

Ihre Verbindung wertvoll für beide Seiten machen könnte. Im Zweifel muss es nicht immer ein Win-Win für beide sein: Sie können mit Fragen oder offenen Überlegungen an Ihre Kontakte herantreten und diese um Mithilfe bitten.

Arbeiten mit dem Netzwerk-Netz

Um zu identifizieren, welche Personen gut in Ihr Netzwerk passen könnten, hilft eine kleine Übung: Schreiben Sie 10 Personen auf, die Sie als hilfreich für Ihr persönliches Ziel erachten, die Sie gern auch kennenlernen würden. Recherchieren Sie diese Personen und versuchen Sie herauszufinden, wie vertraut Ihnen diese Personen sind. Manche kennen Sie vielleicht direkt über Ihr Netzwerk, andere sind bekannte Persönlichkeiten in Ihrer Branche und entsprechend schwerer zu treffen.

Um die möglichen Verbindungen zu diesen Personen zu veranschaulichen, bietet sich die Arbeit mit dem Netzwerk-Netz an:

Hier können Sie Personen eintragen, mit denen Sie sich gern enger verbinden möchten. Gleichzeitig fügen Sie Verbindungen mit Menschen ein, die Ihnen nahestehen, und ebenfalls mit Ihren Zielpersonen verbunden sind. So können Sie sich überlegen, ob Sie um eine Empfehlung bitten oder ob es andere Wege gibt, um den Kontakt zu vertiefen. Wertschätzung in Form von Kommentaren, direkte Vernetzung und persönliche Nachrichten könnten ein Weg sein.

4.2. Vom Kontakt zum Kunden: Wie direkte Ansprache bei LinkedIn gelingt

LinkedIn lässt sich als soziales Netzwerk gut nutzen, um (potenzielle) Kunden durch Inhalte aufmerksam zu machen: Vom neugierigen Leser zum Interessenten zum Fan zum Kunden. Wie genau das mit *Content Marketing* geht, lesen Sie im nächsten Kapitel. In diesem Kapitel soll es um die *gute* Ansprache Ihrer Kunden gehen. Was Sie hier zum Thema Kundenansprache lesen, gilt ebenso für Nachrichten, die Sie an Kandidaten schicken. Auch hier lohnt es sich, dem Gegenüber den Eindruck zu vermitteln, dass wirklich er oder sie als Person gemeint ist.

Denn leider gibt es im LinkedIn-Universum eine Fraktion, die es als besonders clever verkauft, LinkedIn-Mitglieder per InMail auf plumpe Art anzuschreiben – schauen Sie einfach mal unter dem Hashtag *#salespfosten* oder *#saleslauch*. Da finden sich wunderbare Beispiel so wie dieses hier:

„Frau Blindert, beim Stöbern hier auf LinkedIn ist mir Ihr Profil aufgefallen, das mich persönlich besonders anspricht. Sollen wir uns hier vernetzen?"

Wenn ich mich dann mit dieser Person – wahlweise einem Fitness-Coach, einer Persönlichkeitsberaterin oder einem Ernährungsguru – vernetze, kann ich quasi von 5 herunterzählen, bis mich die nächste Mail mit einem Angebot erreicht. Ich sollte schon fitter werden, abnehmen, meine Persönlichkeit formen oder meine Work-Life-Balance besser hinbekommen. Es ist gar nicht mal gesagt, dass mich diese Angebote vom Thema her überhaupt nicht interessieren würden, ich habe nur keine Lust, von Leuten zu kaufen, die mich so überfallen;-)

Ansprache auf die passende Art

Ganz zu Beginn dieses Buches habe ich Sie gefragt:

- Wer sind Ihre Kunden/Ihre Kandidaten?
- Wen wollen Sie bei LinkedIn erreichen?
- Was brauchen Ihre Kunden (Kandidaten), welche Themen bewegen diese?

Diese Fragen sollten Sie stellen – vor allem die letzten beiden. Setzen Sie sich damit auseinander, welche Bedürfnisse, Wünsche, Motive und Ziele bei Ihren Kunden vorherrschen.

(Gute) Kommunikation in sozialen Netzwerken bedeutet vor allem, ins Gespräch mit einem oder vielen Menschen zu gehen, offen für den Austausch zu sein, mehr Fragen zu stellen als Antworten zu haben. Für Unternehmen bieten sich vielfältige

Möglichkeiten, sei es für die Kundenansprache wie zur Mitarbeitergewinnung – wenn es ihnen gelingt, sich darauf einzulassen.

Hier finden Sie Beispiele, wie Sie sowohl als Unternehmen wie auch als Person ins Gespräch gehen können:

- **Eine Frage stellen:** Wenn Sie überlegen, ein neues Produkt entwickeln, dann fragen Sie Ihre Kunden. Eine mögliche Nachricht bei LinkedIn könnte dann sein: *„Liebe Frau Blindert, ich könnte mir vorstellen, dass Sie als Unternehmerin viel arbeiten, und es Ihnen manchmal schwerfällt abzuschalten. Ich bin gerade dabei, mir Gedanken über mögliche Produkte zu machen. Könnten wir dazu einmal – kurz, 5 Minuten – sprechen?"* Jedes einzelne Gespräch nimmt natürlich viel mehr Zeit in Anspruch als eine Massenmail. Doch selbst wenn ich mir nicht die Zeit für dieses Gespräch nehme, fühle ich mich doch ernstgenommen und würde mit dieser Person weiter im Kontakt bleiben wollen. Die Massenmailsender dagegen lösche ich sofort aus meiner Kontaktliste.
- **Einen Vorschlag unterbreiten:** Wenn Ihr Gegenüber den Eindruck bekommt, dass Sie sich wirklich mit Ihrem Profil beschäftigt haben und Sie eine konkrete Hilfe anbieten, ist das ebenfalls okay.
  Konkret: Ich wurde einmal von einem YouTube-Berater angeschrieben, ob ich meinen Kanal optimieren wolle. Das wollte ich zwar nicht, weil es der falsche Zeitpunkt war und für mich keine Priorität hatte. Die Anfrage fand ich aber vollkommen in Ordnung – denn mein YouTube-Kanal könnte wirklich optimiert werden. Der Berater kam damit zwar nicht ins Geschäft, aber was nicht ist, kann ja noch werden, wenn ...

- **In Kontakt bleiben:** ... ja, wenn er gleich den nächsten Termin ausgemacht hätte: *„Ist es denn okay, wenn ich Sie in 6 Monaten wieder anschreibe?"* Na klar, bitte machen Sie das. Und halten Sie mich vielleicht zwischendrin mit ein paar guten Tipps zu YouTube bei Laune. So hatte ich den Eindruck, dass ich nur ein Datensatz war, der schnell abgehakt werden sollte.
- **Mit der Tür ins Haus fallen:** Ja, das geht. Wenn Sie gelesen haben, dass jemand Unterstützung bei einer bestimmten Fragestellung sucht oder Sie recherchiert haben, dass das Unternehmen vom Fachkräftemangel betroffen sein könnte, dann können Sie direkt fragen, ob Interesse an einem Gespräch besteht. Manchmal passt es, manchmal nicht – und es gibt immer Menschen, denen eine direkte Ansprache missfällt.
- **Einen Anlass nutzen:** Eine beliebte Funktion in sozialen Netzwerken ist die Funktion, dass man sich Geburtstage seiner Kontakte anzeigen lassen kann. Nutzen Sie die Gelegenheit, einen Glückwunsch zu senden.
  Konkret: Schreiben Sie ein paar Tage NACH dem Geburtstag eine persönliche Nachricht. Wenn es ein besonders wertvoller Kontakt ist, rufen Sie an. So bleiben Sie eher in Erinnerung, als wenn Sie sich mit 100 anderen Gratulanten am Geburtstag selbst in eine Reihe stellen.

Es von Anfang an und es immer allen recht zu machen, wird kaum umzusetzen sein. Ich kann Ihnen aber empfehlen, es zu versuchen und ins Gespräch zu gehen. Fragen zu stellen, ist für den Start oft eine gute Möglichkeit. Je sicherer Sie werden, umso leichter wird Ihnen die Ansprache fallen.

4.3. Interessen: Gruppen und Personen

Um für Ihr Unternehmen ein Netzwerk bei LinkedIn aufzubauen, empfiehlt es sich, sich verschiedene Gruppen anzuschauen. Diese Gruppen lassen sich über die Suchfunktion finden und erfordern etwas Recherchearbeit. Gruppen, in denen Themen besprochen und diskutiert werden, die zum Unternehmen passen, werden wahrscheinlich die geeigneten sein.

Es lohnt sich, sich mit Mitarbeitenden auszutauschen. Oft wissen diese von Gruppen oder sind selbst schon in Gruppen vertreten und können Empfehlungen aussprechen. In Bezug auf Gruppen empfiehlt es sich, dass Führungspersonen aus Ihrem Unternehmen präsent sind und sich dort mit Beiträgen beteiligen. Diese Präsenz hat oft eine motivierende Funktion bei Ihren Mitarbeitenden.

Da in guten Gruppen oft themenbezogen diskutiert und sich ausgetauscht wird, lassen sich diese gut nutzen, um für die eigenen Themen sichtbar zu werden. Dass es hierbei nicht um plumpes *„Schaut her, mein tolles Angebot!"* oder *„Wir haben eine offene Stelle zu vergeben..."* gehen sollte, versteht sich von selbst.

Erst geben, dann nehmen!

Stattdessen funktioniert es auch hier nach dem Prinzip: Erst geben, dann nehmen! Wenn Sie sich regelmäßig in einer Gruppe beteiligen, Diskussionsbeiträge liefern, Fragen stellen, kommentieren und sich einbringen, wird es in einer Gruppe nicht nur geschätzt, wenn Sie ein Stellenangebot mit ein paar einleitenden Worten posten, sondern es kann auch sein, dass die anderen Mitglieder bereit sind, Ihre Anfrage im eigenen Netzwerk weiter zu verteilen. Auch wenn Sie etwas anzubieten haben, können Sie dies je nach Gruppenregeln dort veröffentlichen. In manchen Gruppen ist es auch erlaubt, an bestimmten Tagen unter festgelegten Posts Angebote zu veröffentlichen.

Eine eigene Gruppe betreiben

Neben einer Unternehmensseite könnten Sie eine eigene Gruppe gründen und betreiben. Ähnlich wie bei Facebook kann dies eine hervorragende Möglichkeit der Kundenbindung oder Interessenorganisation sein. Bevor Sie diesen Schritt gehen, sollten Sie sich klarmachen, wie viel Arbeit das Betreiben und Lebendig-halten einer solchen Gruppe ist.

Im Grunde geht es um die Frage: Was empfinden Ihre Gruppenmitglieder als nützlich? Und natürlich auch: Welche Mitglieder sind in Ihrer Gruppe und bringen sich selbst mit Fragen, Ideen oder Beiträgen ein?

Für die realistischere Einschätzung des Aufwands einer eigenen Gruppe hilft die 90:9:1-Regel. Dazu die *Community-Strategin Tanja Laub* zur Frage nach dem Engagement von Gruppen-Mitgliedern:

> „Man kann als groben Richtwert das 90:9:1-Prinzip heranziehen: 90 Prozent der Nutzer*innen hören nur

zu, 9 Prozent nehmen ab und an teil und nur 1 Prozent ist wirklich aktiv. Auf unternehmenseigenen Plattformen ist die Aktivität größer."

Ohne Plan geht es nicht

Eine Gruppe sollten Sie also nicht ohne Plan starten, sondern gezielt Themen und Schwerpunkte in einem Jahresplan erstellen. Machen Sie sich im Vorfeld Gedanken über Ihre Zielgruppe und arbeiten Sie auch hier mit der *Persona-Methode*[8], um die Wünsche und Bedürfnisse Ihrer Kunden, Bewerber oder anderer Zielgruppe genau kennenzulernen.

Überprüfen Sie regelmäßig, welche Inhalte gut ankommen und welche Sie noch optimieren müssen. Fragen Sie immer wieder nach – auch im persönlichen Gespräch –, was sich Ihre Mitglieder wünschen und setzen Sie die Vorschläge dann auch um. Je nach Konzept kann es eine gute Idee sein, Inhalte zu bieten, die sich nur hier finden lassen bzw. zuerst hier finden lassen: Dass können besondere Tipps sein, aber auch Gutscheine oder der exklusive Zugriff auf neue Programme und Produkte.

Gruppen jetzt auch mit Analytics

Eine brandneue Funktion bei Gruppen gibt es seit Ende 2021: Analysen für Gruppenadministratoren:

[8] https://www.uteblindert.de/blog/persona-methode/

Mit dieser neuen Funktion lassen sich Gruppen besser analysieren: So hat man immer einen Überblick über die erfolgreichsten Beiträge sowie die aktivsten Gruppenmitglieder und kann dann eine Gruppe gezielt zu mehr Aktivität verleiten und besonders engagierte Mitglieder gezielt ansprechen und mit einbeziehen.

5. Sichtbar werden für „Ihre" Themen

Was bei LinkedIn als besonders wertvoll hervorgehoben wird, ist die Interaktionsrate. Mit dem letzten großen Design-Update im Jahr 2017 stellte LinkedIn seine Timeline radikal um und lud damit seine Mitglieder ein, sich noch mehr mit Beiträgen zu beteiligen, zu teilen, zu liken und vor allem zu diskutieren. Dies wird von den LinkedIn-Mitgliedern so intensiv genutzt, dass man mittlerweile bei LinkedIn vom *Facebook fürs Business* spricht.

Tatsächlich macht das Posten von Inhalten bei LinkedIn Spaß, einfach, weil man merkt, dass es Reaktionen darauf gibt und Gespräche mit den anderen LinkedIn-Nutzern entstehen. Fast erinnert einen die Dynamik an die Gruppen bei Xing – vor einigen Jahren, bei denen regelmäßig toller Austausch und rege Diskussionen entstanden. Oft war es sogar so, dass sich Gruppen auch im richtigen Leben trafen und eine enge Bindung viele Mitglieder entstand. Bei LinkedIn lässt sich mit den *LinkedIn-Local-Treffen* [9] ähnliches beobachten, die in Deutschland bereits in zahlreichen Städten und Regionen angeboten werden.

Bei allem interessanten Austausch sollte es im beruflichen Kontext um strategisches Netzwerken gehen, das heißt um das Zusammenkommen mit Menschen, die zu Ihren beruflichen Zielen passen. Auch fachlicher Austausch mit Kolleginnen oder

---

[9] https://www.linkednlocal.com/

die Gewinnung von Kunden stellen wichtige Ziele dar. Daher geht es bei der Sichtbarkeit für *Ihre* Themen nicht allein um die Reichweite. Es geht vor allem um das Erreichen der richtigen Personen mit den richtigen Inhalten und zur richtigen Zeit.

Um diese zielgerichtete Sichtbarkeit zu erreichen, spielen verschiedene Faktoren eine Rolle:

- **Ein vollständig ausgefülltes Profil,** angefüllt mit Schlüsselbegriffen, um dem Algorithmus von LinkedIn die notwendigen Informationen zu bieten,
- **Eine Unternehmensseite bei Selbständigen und Unternehmern,** ebenfalls vollständig und suchmaschinenoptimiert,
- **Relevante Kontakte in Ihrem LinkedIn-Netzwerk:** Dazu können Kolleginnen aus dem eigenen Unternehmen gehören, Branchenkontakte, Kunden, Multiplikatoren. Da LinkedIn es seinen Mitgliedern sehr leicht macht, sich miteinander zu vernetzen, sollte man die Anzahl seiner Kontakte schnell vergrößern können. Die Kontaktliste sollte sich idealerweise aus A-, B- und C-Kontakten zusammensetzen. Unterschätzen Sie nicht, wie wichtig es sein kann, über Bande zu spielen: Ihre Kontakte empfehlen Sie an eigene Kontakte weiter – man spricht über Sie und Ihre Aktivitäten. Daher sollten Sie neuen Kontakten erst einmal offen gegenüberstehen und nicht gleich fragen: *„Könnte das ein Kunde werden?"*
- **Sichtbarkeit in den Beiträgen:** Über eine gezielte Suche nach den für Sie relevanten Beiträgen, zum Beispiel über eine Hashtag-Suche, lassen sich die für Sie passenden Beiträge zu *Ihren* Themen herausfiltern. Schauen Sie sich an, wer hier regelmäßig interessante Inhalte zur Verfügung

stellt und Menschen miteinander ins Gespräch bringt.
Unter diesen Beiträgen können Sie sich mit Kommentaren oder auch mit Likes und Teilen einbringen. Was genau Sie schreiben, hängt sicher auch vom Kontext ab. Bei manchen Inhalten zeigt man mit einem einfachen *Gefällt mir* oder einem anderen Ausdruck wie einem *Applaus, Wunderbar, Inspirierend* oder *Nachdenklich* seine Meinung, andere möchte man lieber teilen und bei manchen unbedingt mitdiskutieren.
Vor allem mit Kommentaren können Sie indirekt Sichtbarkeit erlangen, denn hier zeigen Sie vor allem mit fachlichen Fragen oder Diskussionsbeiträgen zum einen Ihre Wertschätzung für den Autor und zum anderen auch Know-how.

Die Content-Impact-Pyramide

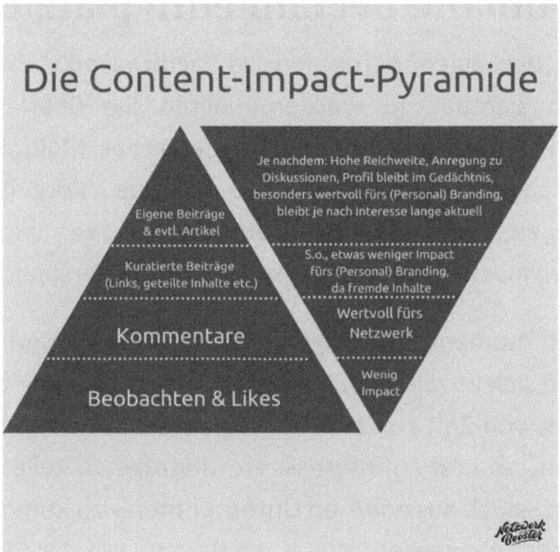

An der Content-Impact-Pyramide lässt sich ersehen, wie Sie Ihre Aktivitäten ungefähr verteilen sollten: Ein Like oder ein Kommentar sind schneller erstellt als ein Beitrag – und können daher zwischendrin erstellt werden. Dafür ist es nicht notwendig, jeden Tag einen Beitrag zu schreiben.Sichtbarkeit erlangt man vor allem durch Aktivität: LinkedIn belohnt es, wenn jemand regelmäßig Beiträge veröffentlicht, kommentiert und *Gefällt mir* klickt, wie der niederländische*Social-Selling-Berater Richard van der Blom* in seiner jährlichen Studie zum LinkedIn-Algorithmus[10] herausfand.

---

[10] https://www.linkedin.com/pulse/newsletter-15-linkedin-algorithm-report-2021-30-van-der-blom/

5.1. Ich habe einen Plan: Gezielt Inhalte bei LinkedIn platzieren

Um mit den eigenen Themen als Fachfrau oder Experte bei LinkedIn sichtbar zu werden, sollten Sie überlegen, von welchen Inhalten sich Ihre Kunden (Bewerber, Multiplikatoren) angesprochen fühlen. Um die genaue Vorgehensweise festzulegen, muss man auch entscheiden, wie wichtig eine hohe Reichweite und Sichtbarkeit für einen persönlich ist.

Wer sich momentan im eigenen Unternehmen und Job wohl fühlt und sich vor allem mit anderen austauschen möchte, dem reicht es, von Zeit zu Zeit über Aspekte aus dem Joballtag zu sprechen, ab und zu interessante Beiträge zu teilen und bei Kollegen – auch aus anderen Unternehmen – zu kommentieren oder *Likes* zu verteilen. Wenn ich (latent) auf der Suche nach einem neuen Job bin, empfiehlt es sich durchaus, die Aktivitäten in Verbindung mit Netzwerken hochzufahren und damit die Sichtbarkeit zu erhöhen. Vor allem für Selbständige und Unternehmer lohnt es sich, ein Redaktionskonzept für LinkedIn (und auch andere Social-Media-Kanäle) zu erstellen.

Einen Redaktionsplan erstellen

Um einen Redaktionsplan, auch als grobe Planung, zu erstellen, hilft es zum Beispiel, sich gegen Ende eines Jahres hinzusetzen und zusammen mit der Jahresplanung für das kommende Jahr gleich einen Themenplan zu erstellen. Für den Themenplan bieten sich Events in Ihrer Branche, Ihrem Unternehmen oder im Jahreslauf (also auch Ostern, Sommerferien, Weihnachten,

Jahreswechsel), Produktlaunches, Buchveröffentlichungen, Artikel in Fachzeitschriften etc. an.

Als Formate, um Ihre Themen darzustellen, bieten sich verschiedene Möglichkeiten an:

- **Event-Anlässe:** Dafür kann man sich zum Beispiel anschauen, welche besonderen Veranstaltungen, Veröffentlichungen oder Projekte im kommenden Jahr anstehen. Rund um diese Events lassen sich dann entsprechende Beiträge planen. Das können durchaus einfache Beiträge sein, bei denen nur ein Link der Event-Website gepostet wird mit einem kurzen Satz wie *„Ich freue mich schon auf die re:publica! Wen sehe ich denn in diesem Jahr?"* Während und nach dem Event können Sie dann entsprechende Inhalte rund um die Veranstaltung verfassen.

- **Event-Einladungen:** Da LinkedIn nun wieder die Möglichkeit bereitstellt, Events einzustellen, sollten Sie diese auch nutzen. Das geht sowohl mit Ihrem persönlichen Profil wie auch mit der Unternehmensseite. Eine Möglichkeit könnte zum Beispiel sein, über die Unternehmensseite ein Event zu erstellen und mit dem Profil für Verbreitung sorgen.

- **Fachliche Inhalte:** Welche Themen, Fragen, Sorgen bewegen Ihre Kunden (Bewerber, Multiplikatoren)? Wie können Sie das aufgreifen und Inhalte dafür anbieten? Für diese Texte würde ich tatsächlich immer ein Notizbuch bei mir führen (das kann natürlich auch digital notiert werden) und Ideen, Fragen, Anregungen Ihrer Kunden sammeln, die sich dann später in einem Beitrag aufgreifen lassen. Das kann ein langer Blogartikel sein, ein Textbeitrag, ein Video oder auch einfach nur eine Frage. Am Ende geht es immer darum: Was nützt meinem Gegenüber?

- **Persönliches:** Das sicher persönlichste Netzwerk ist Facebook, aber auch bei LinkedIn muss ich nicht immer meine Business-Seite zeigen – hier kann es ebenfalls persönlich werden. Damit ist nicht gemeint, jeden Tag ein Bild des Mittagessens zu teilen oder aus dem Urlaub zu berichten. Aber eine Reflexion zum Jahresende oder Gedanken, die über das Berufliche hinausgehen, kommen bei den Nutzer*innen bei LinkedIn in der Regel gut an.

- **Fragen stellen:** *„Märkte sind Gespräche",* heißt es im Cluetrain-Manifest von 1999[11]. Das bedeutet, dass in Zeiten des Internets und erst recht in Zeiten von Social Media nicht mehr einseitig kommunizieren können, sondern ins Gespräch mit Kunden, Mitarbeitern oder Bewerbern gehen sollten. Also gehen Sie ruhig ins Gespräch und stellen Sie Fragen

---

[11] https://www.cluetrain.com/auf-deutsch.html

auf, äußern Sie Ihre Gedanken und fragen Sie nach Feedback.

Hier einmal zwei Beispiele, um es etwas konkreter zu machen:

- **Fachliche Inhalte:** Einer meiner Kunden ist IT-Berater mit dem Fokus auf Microsoft Office 365 in mittelständischen Unternehmen. Für seine Beiträge auf LinkedIn haben wir dann überlegt, kleine Lern-Einheiten für seine (potenziellen) Kunden zu erstellen. Diese zeigen Hacks aus dem Office 365-Umfeld, die die Arbeit damit schnell leichter und ein bisschen netter machen – und zeigen seine Kompetenz auf spielerische Art.
- **Persönliches:** In einem persönlich gefärbten Beitrag zu dem Podcast Sneakerjagd zeigte ich meine betagten Nike-Sneaker, um auf das wichtige Thema „Nachhaltiger Umgang mit alten Turnschuhen“ einzugehen. Dieser Beitrag war wesentlich erfolgreicher als viele meiner eher fachlich geprägten Beiträge:

Anhand dieses groben Themenplans lässt sich nun ein Redaktionsplan erstellen. Dafür bieten sich Programme wie *Excel, Notion, Trello, Meistertask* oder auch ein *Kanban*-Board im Büro an. So lässt sich immer direkt ersehen, welche Themen als nächstes anstehen, schon in Bearbeitung sind oder bereits abgeschlossen wurden.

Zu den geplanten Themen können spontane Inhalte kommen, die sich entsprechend dazwischenschieben. Der Vorteil bei einem solchen Plan ist, dass man immer ein Sicherheitsnetz eingezogen hat, falls einem keinen Thema einfällt. Außerdem hilft es, sich immer wieder darauf zu konzentrieren, was das eigentliche Ziel ist und welche Themen für die Zielgruppe wichtig sind.

Kein Sprint, kein Marathon – eher eine Weltreise

Für Sichtbarkeit durch Content Marketing, also so genanntes *Farming* zu sorgen, ist ein Marathonlauf und kein Sprint. Es geht ja darum, dass Sie Vertrauen zu Ihren Kunden aufbauen und diese auf Ihre Fachkenntnis und Erfahrung setzen können. In der schnelllebigen Zeit des Internets braucht es regelmäßige nutzwertige Inhalte, um Reichweite und Sichtbarkeit zu erreichen.

Eines meiner liebsten Schaubilder verdeutlicht das sehr schön[12]:

---

[12] Referenzlink: https://de.statista.com/infografik/2425/das-passiert-in-einer-minute-im-internet/

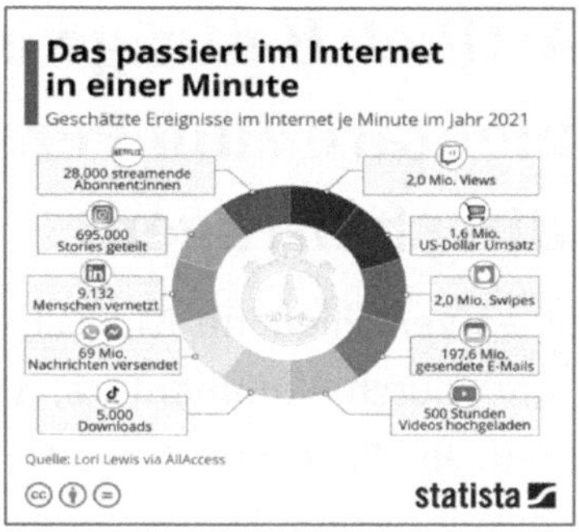

Was hilft:

Bitte lassen Sie sich nicht unter Druck setzen, posten zu *müssen*. Gut, am Ende geht es darum, dass Sie sich bei LinkedIn zeigen – aber um das gut hinzubekommen, empfehle ich meinen Kunden zunächst, jeden Beitrag, jeden Kommentar als Pluspunkt zu sehen. Feiern Sie einfach jeden Beitrag, den Sie hinaus in die Welt geschickt haben!

Sicherheit in sozialen Netzwerken erreichen Sie durchs *Machen*. Indem Sie sich ausprobieren, den ein oder anderen Fehler machen und dann daraus lernen. Irgendwann werden Sie feststellen, dass Ihnen das Posten leicht(er) von der Hand geht, dass Sie wissen, welche Inhalte passen und welche Beiträge gar nicht gut ankommen. Damit Sie aber die ersten Schritte gehen können, geht es im kommenden Kapitel um das richtige *„Wie mache ich es?“*

5.2. Wie Artikel, Beiträge und Kommentare zum Personal Branding beitragen

Bei LinkedIn gibt es verschiedene Möglichkeiten, Inhalte zu veröffentlichen und durch Kommentare, Linkes und Teilen sichtbar zu werden. Im Feed von LinkedIn sieht man oben direkt die Möglichkeit, einen Beitrag oder einen Artikel zu veröffentlichen.

Der Unterschied zwischen Artikel und Beitrag liegt darin, dass Artikel quasi wie Blogartikel auf einer Website gesehen werden können. Sie *gehören* zu einem Profil und damit zu Ihrer Person dazu, zeigen Ihre Expertise oder bieten einen Debattenbeitrag.

So sieht ein Artikel aus:

Wie Sie auf dem Screenshot sehen können, stehen Ihnen für Artikel wesentlich mehr Gestaltungsmöglichkeiten zur Verfügung wie Titelbild, Überschrift, Zwischenüberschrift, Zitat, Bilder/Videos etc.

Digital first! Programme & Methoden beim Netzwerkbooster-Event

Veröffentlicht am 14. Oktober 2020 Artikel bearbeiten | Statistik anzeigen

Ute Blindert
LinkedIn-Beratung für Selbständige & KMU | Buchautorin "LinkedIn Profil & Unternehmensseite" | Kundengewinnungs-Brain | Keynotes •
5 Artikel

Als in diesem Jahr durch Corona mit den digitalen Events so richtig losging, dachte ich zunächst gar nicht daran, selbst auf die Seite der Event-Veranstalter zu wechseln. Stattdessen lernte ich mit und durch meine Kunden, wie sich digitale BarCamps veranstalten lassen, schaute mir Programme und Lösungen an – und kam dann irgendwann auf die "glorreiche" Idee, den Netzwerkbooster zu veranstalten!

Die Idee

Wie wäre es, ein Event zu veranstalten, das Selbständige, Freiberufler*innen, Solopreneur*innen, Inhaber*innen kleiner Unternehmen, Trainer*innen, Coaches und Berater*innen zusammenbringt, gleichzeitig inspiriert und zum Austausch anregt.

Schließlich stehen wir als Unternehmer*innen vor besonderen Herausforderungen, wobei die Corona-Krise wie ein Brennglas wirkt:

- **Digitalisierung:** Wir können und sollten unser Angebot digitalisieren, aber wie? Alles müssen wir uns selbst erarbeiten, ständig versuchen up-to-date zu sein und es zu bleiben.
- **Reglementierung:** DSGVO, Scheinselbständigkeit, Vorsorge – die Anforderungen auch an Kleinstunternehmen, alles richtig zu machen und zu bedenken in Bezug auf Steuern, Datenschutz, Bürokratie etc. ist ähnlich wie bei Großunternehmen (gefühlt zumindest*), ohne dass wir die gleich Lobby in Sachen Krisenunterstützung haben wie diese.

Gleichzeitig sehe ich, wie wendig, ideenreich und unterstützend viele von den Unternehmer*innen unterwegs sind.

Die müssten doch zusammenzubringen sein!

So meine Überzeugung.

Das TWINCamp als Vorbild

Mit dem TWINCamp, einem BarCamp für Unternehmerinnen, das von der Käte-Ahlmann-Stiftung zusammen mit der Konrad-Adenauer-Stiftung angeboten wird, organisierte und moderierte ich mein erstes digitales BarCamp für 40 Frauen im Mai. Als Programm nutzten wir Circuit, was ähnlich wie MS Teams aufgebaut ist und für das BarCamp auch gut eingesetzt werden konnte.

Der Aufbau

Für das Netzwerkbooster-Event wollte ich diesen Ansatz weiter denken: Es sollte neben dem BarCamp auch einen kuratierten Konferenzteil geben, in dem Menschen zu Wort kommen sollten, die ich als Vordenker*innen und Macher*innen empfinde.

Seit kurzem hat LinkedIn zudem eine wichtige Neuerung eingeführt: Über die Funktion *Artikel* lassen sich nun auch Newsletter verfassen:

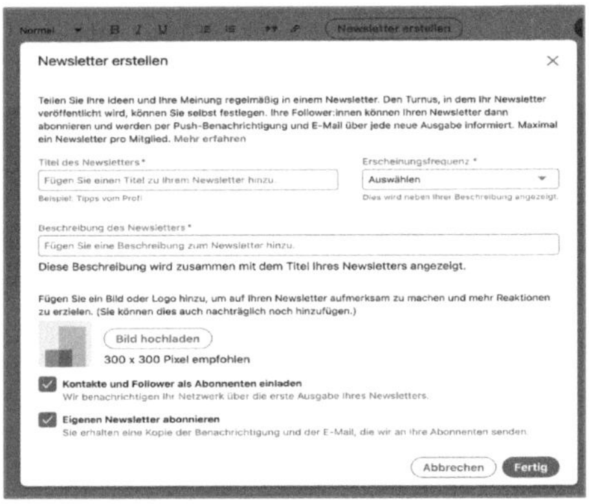

Diese Funktion steht bislang nur persönlichen Profilen zur Verfügung, nicht für Unternehmens- oder Fokusseiten. Ob Sie mit einem Newsletter bei LinkedIn arbeiten möchten, ist eine Überlegung wert. So landen Ihre hochwertigen Inhalte direkt bei Ihren Abonnenten – und gehen weniger verloren als in der Timeline.
Wie bereits oben geschrieben, sollten Sie Artikel eher als Teil Ihres Profils sehen und daher genau überlegen, was sich als Artikel eignet und was vielleicht eher als Beitrag. Wenn Sie zum Beispiel jemand sind, der sich mit Vertrieb auskennt, schreiben Sie ein, zwei Artikel dazu, wie Sie Vertrieb verstehen und vor welchen Herausforderungen der Vertrieb in Zeiten der Transformation steht.

Momentan erreicht ein Artikel bei LinkedIn nur schwer eine hohe Reichweite, es sei denn, Sie melden sich regelmäßig mit

Debattenbeiträgen zu Wort. Schauen Sie sich hierfür gern mal die Profile von *Jana Tepe von Tandemploy GmbH* oder auch von *Katja Diehl von #shedrivesmobility* an, die im Jahr 2019 zu den *Top LinkedIn Voices* gekürt wurden.

Von der Reichweite her lohnt es sich daher nicht unbedingt, Artikel zu schreiben; für Sie als Ausdruck Ihrer Expertise sehr wohl. Um Ihre Artikel sichtbar zu machen, können Sie diese im Bereich *Im Fokus* besonders hervorheben. Wenn Sie einen Artikel direkt an erster Stelle einbinden, wird dieser sowohl im Profil wie auch in der App prominent angezeigt. Achten Sie an diesem Punkt auch darauf, welches Bild und welche Überschrift Sie verwenden. Beides sollte dem Betrachter Lust darauf machen, sich den Artikel anzuschauen.

Mit diesen Tipps erreichen Sie mehr Leser für Artikel:

- **Verwenden Sie ein ansprechendes Bild:** Ansprechend meint in diesem Fall, dass es eben dem Adressaten gefallen muss. Ingenieurinnen fühlen sich sicher von anderen Bildern angezogen als Finanzmarkt-Experten. Es gibt zahlreiche Datenbanken, in denen sich passende Bilder finden lassen. Viele davon stehen unter einer *Creative-Commons*-Lizenz und dürfen frei bzw. mit Nennung des Bildautors verwendet werden. Achten Sie auf jeden Fall akribisch darauf, dass Sie keine Urheberrechte verletzen.
- **Die Überschrift macht Lust auf mehr:** „Meine 5 Tipps für eine Website, die verkauft", „7 Ideen, wie Sie Informatik-Absolventinnen als Arbeitgeber ansprechen" oder auch – etwas provokativer – „Fachkräftemangel. Welcher Fachkräftemangel?" – Ihre Überschrift sollte Interesse für den Text erzeugen. Gleichzeitig sollte die Überschrift nicht

mehr versprechen als der Text auch halten kann, denn dann sind Ihre Leser am Ende enttäuscht.

- **Gestalten Sie den Artikel abwechslungsreich:** Da Sie die Möglichkeit haben, im Text auch Videos, Audiobeiträge, Bilder einzubinden, nutzen Sie diese. Auch eine Mischung aus Fließtext und Aufzählungspunkten kommt in der Regel gut an. Achten Sie zudem auf Qualität, das heißt, Ihr Text sollte fehlerfrei und gut formuliert sein. Wenn Sie darin nicht so fit sind, lassen Sie jemand anderen über den Text schauen.
- **Machen Sie Ihren Artikel nutzwertig:** Von Kerstin Hoffmann, der PR-Doktor, gibt es den klugen Spruch *„Teilen Sie Ihr Wissen, um Ihr Können zu verkaufen“.* Seien Sie großzügig mit Ihrem Wissen und geben Sie Tipps, Ideen, Überlegungen, Anregungen, die für IHRE Zielgruppe von Nutzen sind.
- **Bauen Sie eine Handlungsaufforderung ein:** Am Ende des Artikels sollte eine *Handlungsaufforderung* (auch gern *Call to action* genannt) stehen. Diese kann eine Frage sein wie: *„Welche Erfahrungen haben Sie mit X gemacht? Sehen Sie das ähnlich oder gibt es noch andere Aspekte, die ich noch nicht berücksichtigt habe?“*. Oder Sie verweisen auf Ihren Blog oder die Unternehmensseite.

Selbst wenn Sie alle Tipps berücksichtigen, bleibt die Reichweite oft gering. Mit ein bis zwei Artikeln sind Sie daher in der Regel gut bedient.

So funktionieren Beiträge:

Ein Beitrag funktioniert eher wie ein Facebook-Post, bei dem sich eine Frage stellen lässt, ein Bild mit einem kurzen Text (oder auch ein Video oder eine Datei). Verlinkte Beiträge bieten sich an, wobei es bei den verschiedenen Beitragsformaten Unterschiede in der Reichweite bei LinkedIn gibt.

Im Gegensatz zu Artikeln sind Beiträge spontaner, schneller und erzielen eine höhere Reichweite als Artikel. Sie sind wichtig, damit Sie sich regelmäßig mit Ihren Themen zeigen, sich einbringen und laufend zeigen können, auf welchem Gebiet Sie sich auskennen. Beiträge sollten daher immer eine Mischung aus eigenen Beiträgen, kuratierten Links oder einfach nur Fragen sein.

Um einen Beitrag zu veröffentlichen, gehen Sie im Feed auf *Einen Beitrag veröffentlichen*. Hier gibt es nun die Möglichkeit, einen Link außerhalb LinkedIns zu teilen, ein Video oder Bild hochzuladen, eine Umfrage zu erstellen oder ein Slideshow einzubinden.

Um nun einem Beitrag mehr Schwung zu verleihen, sollten folgende Tipps beachtet werden:

- **Den Klo-Test machen:** 70 Prozent der LinkedIn-Mitglieder*innen nutzen die mobile App und viele von Ihnen auch mal eben zwischendrin – also auf dem Klo, beim Warten etc. Für Sie bedeutet das: Ihr Bild und Texteinstieg muss aufmerksamkeitsstark sein – und schnell funktionieren.
- **Die richtige Mischung an Beitragsformaten:** Momentan funktionieren Umfragen und Slideshows am besten und

sorgen für eine gute Reichweite. Setzen Sie beide dennoch gezielt und sparsam ein – und haben Sie immer im Blick, für wen Sie schreiben und was Sie mit einem Beitrag erreichen wollen.

- **Beiträge mit Hashtags versehen:** Drei Hashtags sind das Optimum. Mehr Hashtags haben den gegenteiligen Effekt.
- **Kommentare vor *Likes* und *Shares*:** Der LinkedIn-Algorithmus *belohnt* Interaktion in Form von Kommentaren, *Liken* hat nur 50 Prozent dieser Wirkung, *Teilen* sogar nur 25 Prozent.
- **Die Antwort auf einen Kommentar ist idealerweise ein Kommentar:** Wer auf seinen eigenen Beitrag einen Kommentar erhält, zum Beispiel in Form einer Frage, sollte mit einer Antwort reagieren, ein wertschätzender Satz zumindest mit einem „Danke" beantwortet werden. Wer dies beherzigt, wird vom Algorithmus mit einer Verdopplung der Reichweite belohnt.
- **Zum passenden Zeitpunkt posten und Reaktionen einholen:** Gute Zeiten für Veröffentlichungen bei LinkedIn sind morgens zwischen 8 und 10 Uhr und nachmittags zwischen 16 und 18 Uhr[13].
- **Die ersten 3 Stunden sind entscheidend:** In den ersten 3 Stunden nach Veröffentlichung sollte ein Beitrag Reaktionen – am besten in Form von Kommentaren – erhalten. Dann beginnt LinkedIn, diesen Beitrag vermehrt auszuliefern, so dass ihn mehr Nutzer in ihrer Timeline zu sehen bekommen.
- **Artikel und Videos vereinzelt nutzen:** Artikel und Videos wurden von LinkedIn eine Zeitlang gepusht und mit hoher

---

[13] https://www.kontor4.de/beitrag/beste-posting-zeiten-in-sozialen-netzwerken.html

Reichweite belohnt. Das scheint momentan nicht mehr der Fall zu sein. Wobei es auch Gegenbeispiele gibt.

- **Nicht zu oft hintereinander posten:** Wer mehrere Beiträge hintereinander postet, wird insofern bestraft, dass einer davon praktisch keine Reichweite erhält.
- **Auf LinkedIn bleiben:** Alles, was die Mitglieder auf der Seite von LinkedIn hält, wird von LinkedIn mit größerer Reichweite belohnt.

Mit diesen Tipps lässt sich bereits eine Menge für die Sichtbarkeit tun. Vor kurzem machte LinkedIn in seinem Entwicklerblog[14] klar, dass es in Zukunft sogar noch mehr auf die Verweildauer auf einem Beitrag achten wird. Die Entwickler von LinkedIn gehen nämlich davon aus, dass die Mitglieder nur dann einen Beitrag lesen, wenn er auch wirklich interessant für sie ist. Daher sollten Sie darauf achten, dass Sie mit den ersten Zeilen die Neugierde Ihrer Leserinnen und Leser wecken, so dass diese auf *...mehr anzeigen* klicken. Was dann folgt, sollte von Nutzen sein, so dass Ihre Kontakte gern noch etwas länger auf dem Beitrag verweilen. Dabei kann der Nutzen auch in etwas Humorvollem, Überraschendem, Fragendem liegen.

Im Kern geht es immer darum, Kunden, potenziellen Mitarbeitern oder Multiplikatoren Inhalte zu liefern, die deren Bedürfnisse ansprechen, Fragen beantworten, Wertschätzung ausdrücken. Und was bei diesen Tipps auch beachtet werden

---

[14] https://engineering.linkedin.com/blog/2020/understanding-feed-dwell-time

muss, dass sich die Einstellungen bei LinkedIn auch immer wieder ändern können.

Beiträge anderer LinkedIn-Mitglieder mit einbeziehen

Bei den Beiträgen auf LinkedIn sollte es zudem nicht nur um das Aussenden eigener Inhalte gehen, sondern auch um die Gespräche und den Austausch mit anderen. Wenn Sie also einen interessanten Beitrag lesen, eine Frage beantworten können oder auch anderer Meinung sind, dann reagieren Sie entsprechend. Vor allem die LinkedIn-Nutzer*innen, mit denen Sie sich enger vernetzen wollen, sollten bei Ihnen auf der Agenda stehen.

Zeigen Sie hier Ihre Wertschätzung, indem Sie zum Beispiel bei einem Kommentar nicht nur: „Spannend!" schreiben, sondern eigene Gedanken hinzufügen und vielleicht eine Frage stellen. Damit sollte es eigentlich klappen, dass Sie vom Gegenüber wahrgenommen werden.

Um zu identifizieren, welche Personen gut in Ihr Netzwerk passen könnten, hilft eine kleine Übung: Schreiben Sie 10 Personen auf, die Sie als hilfreich für Ihr persönliches Ziel erachten, die Sie gern auch kennenlernen würden. Recherchieren Sie diese Personen und versuchen Sie herauszufinden, wie vertraut Ihnen diese Personen sind. Manche kennen Sie vielleicht direkt über Ihr Netzwerk, andere sind bekannte Persönlichkeiten in Ihrer Branche und entsprechend schwerer zu treffen. Folgen Sie diesen Personen, lernen Sie, was diese zu sagen haben, welche Dinge Ihnen wichtig sind, welche persönlichen Erlebnisse Sie mit anderen teilen. Fangen Sie klein an und verteilen Sie *Likes* oder kommentieren wie oben beschrieben auf wertschätzende Art. Wenn Sie einen Text teilen, ordnen Sie die Gedanken kurz für Ihre Leser ein und verknüpfen Sie den Autor per @ in Ihrem Beitrag.

So wird deutlich, dass Sie selbst mit Kommentaren oder beim Teilen von Inhalten für *Ihr* Thema sichtbar werden können. Zum einen übernimmt LinkedIn diese mit in den Bereich *Aktivitäten* auf dem Profil, zum anderen beginnen andere Mitglieder irgendwann, Sie für Ihre Haltung, Ihr Know-how, Ihren Humor wahrzunehmen. Wie bereits weiter oben ausgeführt, ist auch dies kein Sprint, kein Marathonlauf, sondern eher eine Weltreise.

Aus Erfahrung weiß ich, dass es gar nicht so leicht ist, sich bei LinkedIn mitzuteilen. Viele Menschen sind unsicher und befürchten schnell, als *spammig* wahrgenommen zu werden. Das ist übrigens vollkommen unabhängig davon, ob Sie angestellt sind oder selbständig, wobei Angestellte zusätzlich noch Sorge haben, im Unternehmen womöglich missverstanden zu werden.

SSI oder: Was sich dem Social Selling Index entnehmen lässt

Es gibt eine Kennzahl, die mit dem Profil verbunden ist, die Sie sich ab und zu anschauen sollten: den *Social Selling Index*, auch SSI abgekürzt. Diesen findet man unter der URL: *https://business.linkedin.com/sales-solutions/social-selling/the-social-selling-index-ssi*

Hier gehen Sie dann einfach auf *Get your score free*. LinkedIn bietet Ihnen mit dieser Kennzahl die Möglichkeit einzuschätzen, wie gut Sie sich im Netzwerk bewegen und an welchen Punkten Sie nachbessern könnten.

Aufgeteilt ist der Index in vier Kriterien, nach denen der SSI erstellt wird. Dabei beeinflussen die verschiedenen Bereiche einander und können natürlich nicht isoliert betrachtet werden:

- Ihre professionelle Marke aufbauen
- Gezielt die richtigen Personen finden
- Durch Einblicke Interesse wecken
- Beziehungen aufbauen.

Um diesen Bereich nun optimal auszubauen und zu einem guten Zusammenspiel zu bringen, hier ein wichtige Schritte, um die Präsenz bei LinkedIn zu optimieren:

1. **Ihre professionelle Marke aufbauen:** Dabei geht es darum, dass Sie Ihr Profil nicht nur vollständig ausgefüllt haben, sondern auch mit so vielen Informationen gefüllt haben, dass Sie leicht zu finden sind und andere LinkedIn-Mitglieder schnell in den Kontakt mit Ihnen gehen können.
2. **Gezielt die richtigen Personen finden:** Wie aktiv benutzen Sie LinkedIn, um andere Personen zu finden? Suchen Sie gezielt nach anderen Personen, um Ihr Netzwerk zu erweitern? Wie oft werden Sie in Suchen gefunden und schauen sich andere Personen Ihr Profil an?
3. **Durch Einblicke Interesse wecken:** Schreiben Sie interessante Beiträge? Kommentieren, teilen oder *liken* Sie Beiträge von anderen? Bringen Sie sich in Diskussionen mit ein? Wie ist die Antwortrate bei Direktnachrichten?

4. **Beziehungen aufbauen:** Sind Sie bereits mit anderen Personen aus Ihrem Unternehmen vernetzt? Wie hoch ist die Annahmequote bei Ihren Kontaktanfragen? Erweitern Sie Ihr Netzwerk gezielt um Kontakte zweiten und dritten Grades?

Am Ende steht immer die Frage: Was bringt es mir? Meiner Meinung nach sollte man den *Social Selling Index* eher als einen Indikator verstehen, der anzeigt, wo Sie Ihre LinkedIn-Präsenz verbessern können.

> **Beispiel:** Durch das Schreiben an diesem Buch, hatte ich ironischerweise viel weniger Zeit, bei LinkedIn aktiv zu sein. Während mein Score mit 70 von 100 Punkten völlig zufriedenstellend ist, stelle ich gerade fest, dass es tatsächlich gut wäre, mal wieder mehr Beiträge bei LinkedIn zu veröffentlichen: Mein Wert im Bereich *Durch Einblicke Interesse wecken* liegt gerade bei 11.2 – und der Wert sollte definitv höher sein!

Machen Sie sich nicht verrückt, wenn sich der Wert mal verringert – am Ende kommt es eher darauf an, mit Kunden zu gewinnen, Bewerber zu erreichen oder mit Multiplikatoren ins Gespräch zu kommen, egal wie hoch der SSI ist.

6. Fazit

Personal Brand und Botschafter meines Unternehmens

Mitarbeiter werden bei LinkedIn nicht nur für Ihr Unternehmen sichtbar, sondern auch für die eigene Person – es geht also immer auch um die persönliche Sichtbarkeit, also um *Personal Branding.* Unternehmen sollten ihre Mitarbeiter als Markenbotschafter sehen und als solche bei ihrer Präsenz und Sichtbarkeit bei LinkedIn unterstützen.

Besonderes Gewicht hat es übrigens, wenn sich auch die Geschäftsführung bei LinkedIn zeigt – und zwar am besten nicht nur mit einem rudimentären Profil, sondern auch im eigenen Namen Beiträge erstellt oder Artikel verfasst und zu Diskussionen aufruft. Für die Mitarbeiter eines Unternehmens hat dies zudem eine Signalwirkung, die dazu einlädt, auch öffentlich zum und über das Unternehmen zu sprechen.

Um ein Profil zu optimieren, sollte man sich folgende Fragen stellen:

- Was und wen möchte ich mit meinem Profil erreichen?
- Für welche Themen oder Produkte möchte ich wahrgenommen werden?
- Was möchte ich von der Unternehmenskultur vermitteln?
- Welche Begriffe sehe ich als Schlüsselbegriffe meines Profils an?

Natürlich wird sich das Profil eines Vertriebsmitarbeiters von dem einer Recruiterin unterscheiden. Ebenso wie das eines Coaches von dem eines Inhabers eines Software-Hauses.

LinkedIn als Suchmaschine verstehen

Die Frage nach den Schlüsselbegriffen zielt dabei direkt auf den Algorithmus von LinkedIn ab. Je genauer LinkedIn ein Profil einordnen kann, umso passender sind die Vorschläge von LinkedIn. Schlüsselbegriffe aus dem Bereich Human Resources könnten zum Beispiel sein: Digital HR, Active Sourcing, Candidate Experience, Xing Talentmanager, Linkedin Recruiting, E-Recruiting, E-Recruiting-Software, People Analytics, Datenanalyse etc.

Diese Begriffe sollten so eindeutig wie möglich sein – und dabei mit dem Blick des potenziellen Interessenten gedacht werden: Was könnte für meine Zielperson interessant sein? Damit unterstützt man gleichzeitig die technischen Möglichkeiten von LinkedIn. Der Suchalgorithmus von LinkedIn braucht Informationen, um passende Profile bei einer Suche vorschlagen zu können. Auch die Vernetzungsvorschläge, die LinkedIn immer anzeigt, bauen auf diesen Daten auf.

Was kommt, was bleibt

Es lohnt sich, die zahlreichen Neuerungen bei LinkedIn genauer zu beobachten. Das Netzwerk ist dabei, an vielen Stellen wichtige Funktionen auszubauen oder auch einem größeren Nutzerkreis zugänglich zu machen. So ist es mittlerweile relativ leicht, mit einem persönlichen Profile bei *LinkedIn Live* zu

gehen. Auch für Unternehmen mit einer größeren Anzahl an Followern steht diese Funktion zur Verfügung.
Im Januar 2022 war es zudem soweit, dass LinkedIn mit dem schon länger angekündigten Audio-Format startete. Erste Versuche zeigen, dass die Technik grundsätzlich funktioniert. Nun kommt es darauf an, wie die LinkedIn-Nutzer*innen dieses Feature annehmen.
Events sind nun schon länger verfügbar und die Möglichkeiten zur Vermarktung werden zunehmend ausgebaut. Nutzen Sie diese Funktion vielfältig, denn so können Sie auf besondere Ereignisse rund um Ihr Unternehmen aufmerksam machen.

LinkedIn wird nicht mehr weggehen – im Gegenteil: Es ist im deutschsprachigen Raum eine feste Größe. Die Funktionen und die Möglichkeiten zu Interaktivität und Sichtbarkeit überzeugen und zeigen, dass LinkedIn auf seine Nutzer hört und ihnen sinnvolle Lösungen anbietet. Unternehmen sollten sich daher auf jeden Fall mit diesem Netzwerk und seinen vielfältigen Möglichkeiten auseinandersetzen.

Interessant wird sein, ob es LinkedIn gelingt, das Online-Netzwerk weiterhin im Business-Kontext zu halten: Bis vor einiger Zeit hatte dies dazu geführt, dass Diskussionen sachlich(er) als in anderen Netzwerken geführt wurden. Leider scheint sich der Tonfall in letzter Zeit zu ändern – und LinkedIn seiner Rolle und Verantwortung als soziales Netzwerk nicht so ganz gerecht zu werden.

Am Ende ist es aber natürlich auch so, dass wir als Mitglieder im Netzwerk den Ton bestimmen. Mit ist es daher ein großes

Anliegen, für einen guten Umgang und Wertschätzung untereinander zu sorgen. Wenn uns das gelingt, wird LinkedIn mit seinem weltumspannenden Netzwerk eines der interessantesten Business-Netzwerke der Welt bleiben.

Über die Autorin

Autorin Ute Blindert kennt sich mit LinkedIn im unternehmerischen Kontext aus und berät Unternehmen und Organisationen sowie Selbständige und Unternehmer zu *Netzwerken und Kundengewinnung in digitalen Zeiten*. Als einen wichtigen Part dabei sieht sie das Online-Business-Netzwerk LinkedIn an, das sie für ein wichtiges Werkzeug zur Kundenansprache hält. Sie ist Autorin des Campus-Ratgebers *Per Netzwerk zum Job*, Xing-Insiderin und gibt Tipps rund ums Netzwerken in Bild und Ton (jeweils unter dem Namen *Netzwerkbooster* bei YouTube oder als Podcast).

Impressum

Netzwerkbooster mit Upload Magazin, 2022

Text: Ute Blindert
Lektorat + Korrektorat: Jan Tissler
Fotos der Autorin: Linda Grigo Businessportraits

Netzwerkbooster mit Upload Magazin

ISBN: 978-3-949907-00-5

Printed in France by Amazon
Brétigny-sur-Orge, FR

22272855R00068